# Cyberstrategien für Unternehmen und Behörden

Michael Bartsch • Stefanie Frey

# Cyberstrategien für Unternehmen und Behörden

## Maßnahmen zur Erhöhung der Cyberresilienz

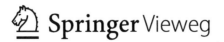

Springer Vieweg

Michael Bartsch
Siegburg, Deutschland

Stefanie Frey
Lovatens, Schweiz

ISBN 978-3-658-16138-5     ISBN 978-3-658-16139-2 (eBook)
DOI 10.1007/978-3-658-16139-2

Die Deutsche Nationalbibliothek verzeichnet diese Publikation in der Deutschen Nationalbibliografie; detaillierte
bibliografische Daten sind im Internet über http://dnb.d-nb.de abrufbar.

Springer Vieweg
© Springer Fachmedien Wiesbaden GmbH 2017

Gedruckt auf säurefreiem und chlorfrei gebleichtem Papier

Springer Vieweg ist Teil von Springer Nature
Die eingetragene Gesellschaft ist Springer Fachmedien Wiesbaden GmbH
Die Anschrift der Gesellschaft ist: Abraham-Lincoln-Strasse 46, 65189 Wiesbaden, Germany

# Geleitwort

Noch immer ist vielen Unternehmen und öffentlichen Einrichtungen nicht bewusst, wie vielen Cyber-Gefahren sie inzwischen jeden Tag ausgesetzt sind und wie vielfältig und raffiniert diese Bedrohungen mittlerweile sind.

Gleichzeitig wird es für IT-Sicherheitsfachleute immer schwieriger, Arbeitsplatzrechner, mobile Endgeräte sowie das gesamte Unternehmensnetz vor Cyberangriffen zu schützen. Denn die Zahl der Attacken nimmt immer weiter zu. Allein der Volkswagen-Konzern registriert mittlerweile pro Tag unglaubliche 6000 Cyberangriffe auf seine IT-Infrastruktur. Hinzu kommt, dass die Urheber von Schadsoftware immer professioneller und kreativer vorgehen. Nach Angaben des Bundesamts für Sicherheit in der Informationstechnik (BSI; 2016) wurden etwa 32 Prozent der deutschen Unternehmen z. B. Opfer von Angriffen mittels Erpresser-Software. Und wir können davon ausgehen, dass die Dunkelziffer noch um einiges höher liegen dürfte. In jedem fünften Fall der erfassten „Locky"-Angriffe kam es dadurch zu einem Ausfall von zentralen Teilen der IT-Infrastruktur. Etwa 11 Prozent der betroffenen Unternehmen verloren dadurch wichtige Daten. Trotzdem wird das Thema Cyber-Security teilweise immer noch stiefmütterlich behandelt. Eine fachgerechte Aufklärung über Cyberbedrohungen, Schadenspotenziale und Kostenpunkte, wie sie dieses Buch bietet, ist daher dringend vonnöten.

Denn eine Besserung der Lage ist nicht in Sicht. Im Gegenteil: Die Gefährdung deutscher Unternehmen und öffentlicher Einrichtungen durch Cyberangriffe steigt ungebremst weiter an. Durch die zunehmende Digitalisierung von Geschäftsprozessen und die nahtlose Vernetzung von Menschen, Maschinen und Dingen – vom Kühlschrank über Werkzeuge und Unterhaltungselektronik bis hin zum Auto – nimmt die Zahl der Angriffspunkte massiv zu.

Sind wir dagegen wirklich wehrlos? Nein! Mit einem risikobasierten und ganzheitlichen Lösungsansatz, der die bestehende IT-Infrastruktur Ende-zu-Ende einbezieht, können Unternehmen und Behörden funktionierende Sicherheitskonzepte etablieren und zentralen IT-Gefahren wirksam begegnen. Dabei kommt modernen Methoden zur fehlerfreien Personenidentifizierung eine immer größere Bedeutung zu: Der effektive Schutz des physischen Datenzuganges – beispielsweise durch biometrische Authentifizierungssysteme auf Venenmuster-Basis – ist dabei weit mehr als nur ein guter Anfang.

**Dr. Rolf Werner**, Vorsitzender der Geschäftsführung und Head of Central Europe, Fujitsu.

# Vorwort

Cyberbedrohungen und der religiöse Terrorismus sind die dominierenden gesellschaftlichen Bedrohungen des 21. Jahrhunderts. Die Digitalisierung und Automatisierung von immer mehr Lebens- und Wirtschaftsbereichen ist in den letzten Jahren so weit fortgeschritten, dass nicht nur Chancen, sondern auch Risiken entstanden sind. Das Vermeiden dieser Risiken bei gleichzeitiger Nutzung der Chancen ist eine gesamtgesellschaftliche Herausforderung. Ohne eine zuverlässige Cybersicherheit werden die Chancen der Digitalisierung zum Vorteil von Straftätern, Terroristen, informationshungrigen Staaten oder totalitären Regimen ausgenutzt. Wir müssen hier wachsam und innovativ bleiben, um den kriminellen Handlungen der Täter entgegentreten zu können.

In den letzten Jahren sind Qualität und Quantität der Cyberangriffe massiv angestiegen, und immer weitere Lebens- und Wirtschaftsbereiche sind betroffen. Das Geschäft mit der globalen Unsicherheit war schon immer lukrativ, und im Internet gibt es keine staatlichen Grenzen, die Schutz und Kontrolle gewährleisten. Allen Cyberangriffen liegt die Motivation der Täter zugrunde, sich anhand unsicherer Informationstechnologien einen Vorteil zu verschaffen. Die IT-Systeme sind nicht das Ziel, sie sind lediglich das Mittel zum Zweck. Die Angreifer nutzen zur Erreichung ihrer Ziele Methoden wie Cybercrime, Cyberspionage oder Cybersabotage, um einen finanziellen, politischen, wirtschaftlichen oder militärischen Vorsprung zu erlangen. Welche Methode von den Tätern angewandt wird, hängt vom übergeordneten Ziel des Cyberangriffs ab. Cyberangriffe stellen nicht nur ein technisches Problem dar, sondern beinhalten auch nichttechnische Aspekte. Daher können Cyberrisiken und Bedrohungen nicht nur mit technischen Sicherheitsmaßnahmen bekämpft werden, sondern müssen zwingend auch nichttechnische, wie physische, personelle und organisatorische Mittel beinhalten.

Vor diesem Hintergrund wird auch klar, dass Cybersicherheit hauptsächlich eine Management-Verantwortung darstellt und auf der obersten Führungsebene behandelt werden muss. Ein Abwälzen auf die IT-Abteilung hilft da nur bedingt. IT-Abteilungen denken in Funktion, Innovation und Kosten und richten ihre Sicherheitsarchitekturen dementsprechend danach aus. Das Denken im Rahmen sicherheitsrelevanter Geschäftsstrategien, globaler Sicherheitsgesetze und Regulierungen, Produktsicherheitsstrategien sowie in kriminellen, wettbewerblichen und staatlichen Täterstrukturen erfordert neue Rollen und Aufgaben im

Unternehmen, die es heutzutage, wenn überhaupt, nur auf vielen Schultern verteilt gibt. Ein umfassender strategischer Ansatz ist hier notwendig, andernfalls werden einige Unternehmen eine unsichere Zukunft erleben. Die Risiken reichen von finanziellen Schäden über Reputationsverluste bis hin zur drohenden Geschäftsaufgabe. Wie bei der Digitalisierung werden auch der Cybersicherheit etablierte Unternehmen zum Opfer fallen.

Obwohl sich langsam ein Paradigmenwechsel abzeichnet, neigt das Management immer noch dazu, die Cyberproblematik zu ignorieren oder in Form von IT-Sicherheit an die IT-Abteilung zu delegieren. Verständlicherweise sind die technischen Komponenten und die IT-Infrastrukturen der zentrale Angriffspunkt der Angreifer, aber sie sind letztlich nur Teil eines viel komplexeren Problems. Jedes Unternehmen sollte daher eine Grundhygiene etablieren, damit die einfachsten Angriffsarten nicht durchgeführt werden können, und parallel dazu alle weiteren relevanten Ebenen und Bereiche in Betracht ziehen.

Cybersicherheit sollte eines der wichtigsten strategischen Ziele des Unternehmens sein und ein integraler Bestandteil der Unternehmensstrategie. Dies bedeutet, dass alle relevanten Abteilungen bei der Entwicklung der Cyberstrategie einbezogen werden müssen. Zur Abklärung, ob ein Unternehmen potenziell Ziel eines Cyberangriffes werden wird, sollte es seine kritischen Prozesse und Infrastrukturen sowie das cyberrelevante Umfeld kennen und eruieren, wie abhängig die jeweiligen Geschäftsfelder von der Digitalisierung und Vernetzung sind. Ohne einen allumfassenden strategischen Ansatz, der die wesentlichen Leitlinien für den Umgang mit Cyberbedrohungen setzt, steigen die Eintrittswahrscheinlichkeit und das Schadensausmaß eines Cyberangriffs. Investitionen in IT Sicherheit können somit nicht zielgerichtet eingesetzt werden.

Die Entwicklung einer Cyberstrategie ist der erste Schritt in eine sichere und planbare Unternehmenszukunft. Egal in welcher Branche, ob Start-up, Mittelstand, Konzern oder Behörde, jeder sollte die Rahmenbedingungen setzen, die er braucht um den Cyberherausforderungen zu begegnen.

Fangen Sie an, bevor es zu spät ist.

# Danksagung

Wir beschäftigen uns seit vielen Jahren mit den Problemstellungen bei der Entwicklung von Sicherheitsstrategien und technischen Lösungsszenarien für Staaten, Behörden und der Industrie. Viele Staaten haben Cyberstrategien entwickelt, aber auf der Seite der Unternehmen wurden kaum nennenswerte Fortschritte bei der Entwicklung von Cybersicherheitsstrategien gemacht. Das Thema Cybersicherheit ist unerschöpflich, daher entstand die Idee, ein Buch über Cybersicherheit und die Entwicklung von Cyberstrategien zu schreiben. Das Schreiben des Buchs hat sehr viel länger gedauert als erwartet, brachte einen erheblichen Aufwand an Recherche und Interviews mit sich und erfolgte meist an Wochenenden in Hotels in Deutschland, der Schweiz, Griechenland, Belgien, Irland, Südafrika und Tansania.

Wir bedanken uns bei den folgenden Personen für die wertvollen Beiträge, die diesem Buch die notwendige Aktualität sowie den Bezug zur Praxis geben:

**Dr. Rolf Markus Werner,** Vorsitzender der Geschäftsführung und Head of Central Europe, Fujitsu.
**Dirk Kunze,** Kriminalrat beim Landeskriminalamt Nordrhein-Westfalen.
**Tobias Glemser**, Geschäftsführer Secuvera GmbH, Gäufelden.
**Dr. Georg Bräuchle**, Marsh GmbH, Stuttgart.
**Stephan Walder**, Staatsanwalt lic.iur. stawa, Leiter des Kompetenzzentrums Cybercrime, Zürich.

Unser Dank gilt auch den Cybersicherheitsexperten und Fachleuten aus den deutschen Polizeien, insbesondere Stefan Becker vom Landeskriminalamt Nordrhein-Westfalen, der immer mit polizeifachlichem Rat zu Seite stand. Wir danken auch dem Deutschen Digitalverband Bitkom für seine fachliche und inhaltliche Unterstützung bei der Auswertung der Studien zum Wirtschaftsschutz und den Kosten eines Cybervorfalls. Hinter dem Bitkom stehen viele Menschen, die in den Arbeitskreisen Öffentliche Sicherheit und Wirtschaftsschutz unermüdlich an der Verbesserung der Cybersicherheit arbeiten. Wir möchten uns auch ganz herzlich bei Laura Crespo für Ihren wertvollen Beitrag zum Kapitel Staatliche Lösungen und internationale Cyberstrategien bedanken. Sie hat in den letzten Jahren die Schweizer Cyber-Außenpolitik maßgeblich mitgestaltet.

Auch ein großes Dankeschön an unseren Lektor Herr Matthias Zabel vom Lektorat Freiburg für seine Korrekturen und Anregungen unseres Manuskripts.

Unser besonderer Dank geht an Herrn Dr. Axel Garbers, Frau Ann-Kristin Wiegmann und Frau Sybille Thelen vom Springer Verlag für das Vertrauen und die Geduld in und mit unserem Buchprojekt.

Leider konnte weder eine Best Practice noch ein Unternehmen gefunden werden, welches bereit gewesen wäre über seine Cyberstrategie zu berichten. Am Ende wollten die befragten Unternehmen anonym bleiben, da sie keine Cyberstrategie haben oder weil sie an eine Geheimhaltung gebunden sind. Das liegt in der Natur der Cybersicherheit und erschwert natürlich die Erforschung des Themas. Die IT-Sicherheitsunternehmen, die wir angefragt – ob groß oder klein, ob Inland oder Ausland – haben viel versprochen, Informationen zugesagt und leider nichts zum Buch beigetragen, außer die referenzierten Berichte, die wir im Internet gefunden haben.

Dr. Stefanie Frey und Michael Bartsch
Deutschland und Schweiz, 2017

Sie erreichen uns unter: cyberstrategien@deutor.de
Webseite zu Cyberstrategien für Unternehmen: www.cyberstrategien-fuer-unternehmen.de

# Inhaltsverzeichnis

# Abbildungsverzeichnis

# Tabellenverzeichnis

# Management Summary

**Zusammenfassung**

Das Internet ist zu einem der wichtigsten Wirtschafts- und Handelsräume (E-Commerce, Industrie 4.0, Internet of Things etc.) für den Staat, die Wirtschaft und die Gesellschaft geworden. Es bringt große Chancen, aber auch Risiken mit sich, und kann von staatlichen und nicht staatlichen Akteuren missbraucht werden. Die IT-Systeme sind nicht das Ziel, sie sind lediglich das Mittel zum Zweck. Die Angreifer nutzen zur Erreichung ihrer Ziele Methoden wie Cybercrime, Cyberspionage oder Cybersabotage, um einen finanziellen, politischen, wirtschaftlichen oder militärischen Vorsprung zu erlangen. Vor diesem Hintergrund wird auch klar, dass die Cybersicherheit hauptsächlich eine Management-Verantwortung darstellt. Dieses Buch gibt einen Überblick über die Bedrohungslage im und durch das Internet, die Täter und deren Motivation digitale Straftaten zu begehen und welche Folgen für Behörden und Unternehmen entstehen. Die Entwicklung einer Cyberstrategie sollte der erste Schritt zur Erhöhung der Widerstandsfähigkeit bei Cyberangriffen sein. Das Vorgehen zur Entwicklung einer Cyberstrategie und deren Maßnahmenkataloge sowie die Struktur einer Cyberstrategie werden ebenfalls vorgestellt. Ein Ausblick auf die zukünftige Cyberbedrohungslage im Zuge der weiteren Digitalisierung immer weiterer Lebensbereiche wird abschließend dargestellt.

Nahezu die Hälfte der weltweiten Wertschöpfung basiert schon heute auf der Informations- und Kommunikationstechnologie. Das Internet bringt große Chancen, aber auch Risiken mit sich, und kann von staatlichen und nicht staatlichen Akteuren missbraucht werden. Es gilt daher, diese Risiken zu minimieren, um die Chancen des Cyberraums

© Springer Fachmedien Wiesbaden GmbH 2017
M. Bartsch, S. Frey, *Cyberstrategien für Unternehmen und Behörden*,
DOI 10.1007/978-3-658-16139-2_1

vollumfänglich nutzen zu können. In den letzten Jahren sind die Qualität und Quantität der Cyberangriffe massiv angestiegen, und immer weitere Lebens- und Wirtschaftsbereiche sind betroffen. Das Geschäft mit der globalen Unsicherheit war schon immer lukrativ, und im Internet gibt es keine staatlichen Grenzen, die Schutz und Kontrolle gewährleisten. Allen Cyberangriffen liegt die Motivation der Täter zugrunde, sich anhand unsicherer Informationstechnologien einen Vorteil zu verschaffen. Die IT-Systeme sind nicht das Ziel, sie sind lediglich das Mittel zum Zweck. Die Angreifer nutzen zur Erreichung ihrer Ziele Methoden wie Cybercrime, Cyberspionage oder Cybersabotage, um einen finanziellen, politischen, wirtschaftlichen oder militärischen Vorsprung zu erlangen. Welche Methode von den Tätern angewandt wird, hängt vom übergeordneten Ziel des Cyberangriffs ab. Wichtig in diesem Zusammenhang ist, dass bei Cyberangriffen nicht nur technische Probleme, sondern zumeist auch nichttechnische Aspekte im Vordergrund stehen. Daher können Cyberrisiken und Bedrohungen nicht nur mit technischen Sicherheitsmaßnahmen bekämpft werden, sondern müssen zwingend auch nichttechnische Mittel wie physische, personelle und organisatorische Mittel beinhalten.

Vor diesem Hintergrund wird auch klar, dass die Cybersicherheit hauptsächlich eine Management-Verantwortung darstellt und auf der obersten Führungsebene behandelt werden muss. Ein Abwälzen auf die IT-Abteilung hilft nur bedingt. IT-Abteilungen denken in Funktion, Innovation und Kosten und richten ihre Sicherheitsarchitekturen dementsprechend aus. Das Denken im Rahmen sicherheitsrelevanter Geschäftsstrategien, globaler Sicherheitsgesetze und Regulierungen, Produktsicherheitsstrategien sowie in kriminellen, wettbewerblichen und staatlichen Täterstrukturen erfordert neue Rollen und Aufgaben im Unternehmen, die es, wenn überhaupt, heutzutage nur auf vielen Schultern verteilt gibt. Ein umfassender strategischer Ansatz ist notwendig, andernfalls werden einige Unternehmen eine unsichere Zukunft erleben. Die Risiken reichen von finanziellen Schäden über Reputationsverluste bis hin zur drohenden Geschäftsaufgabe.

Cybersicherheit sollte eines der wichtigsten strategischen Ziele von Staaten und Unternehmen sein. Der erste Schritt zur Erhöhung der Cybersicherheit ist die Entwicklung einer Cyberstrategie. Bei der Entwicklung der Cyberstrategie müssen alle relevanten Abteilungen einbezogen werden, damit die organisatorischen und geschäftsrelevanten Komponenten ebenfalls berücksichtigt werden können.

**Erkennung der Cyberproblematik: Bedrohungslage und Täter**

Die Bedrohungslage hat sich in Art und Dimension deutlich verschärft, und die Sicherheit steht an einem geschäftsrelevanten Wendepunkt. Diese allgemeine Bedrohungslage ist gekennzeichnet durch klassische Straftatbestände wie kriminelle Handlungen (Cybercrime), Hacktivismus, Spionage (Cyberspionage) oder auch Sabotage (Cybersabotage). Aufgrund der Digitalisierung in Unternehmen und Staaten werden mit Hilfe von Computersystemen Angriffe von neuen Tätergruppen mit relativ geringem Aufwand und hohem Schadenspotenzial durchgeführt.

Cyberangriffe auf Computersysteme sind heutzutage gezielter und professioneller als noch vor wenigen Jahren, und die Tätergruppen haben ein klares Ziel vor Augen. Die Angriffsziele sind vielfältig und reichen von Unternehmen jeder Branche und Größe über kritische Infrastrukturen wie den Banken- oder Energiesektor, das Gesundheits- oder Transportwesen bis hin zu Regierungen und Staaten. Die Täter nutzen oft ausgeklügelte und raffinierte Social-Engineering-Techniken unter Verwendung der Informationstechnologie, um das gewünschte Ziel zu erreichen. Es werden kein technisches Spezialwissen oder ein hohes Niveau an Fähigkeiten benötigt. Heute können auch nicht technisch versierte Täter in Computernetzwerke eindringen, da im Internet alle benötigten Softwaresysteme zur Verfügung stehen. So gibt es spezielle Angebote, die problemlos beschafft und genutzt werden können. Dazu gehören die sogenannten „Crime as a Service"- oder „Malware as a Service"- Angebote, die Angriffe auf Computer und Netzwerke ohne technisches Spezialwissen ermöglichen, aber hoch professionell zum Einsatz gebracht werden. Es ist eine eigene Branche von Unternehmungen entstanden, die diese Hackertools professionell erstellen, verkaufen und die Angreifer bei der Durchführung von Straftaten technisch unterstützen.

Welche Art von Bedrohung für ein Unternehmen zutreffend ist, hängt unter anderem davon ab, was der Unternehmensgegenstand ist, an welcher Marktposition ein Unternehmen steht und aufgrund welcher Produkte und Innovationen ein Wettbewerbsvorteil entsteht. Ein Unternehmen sollte daher wissen, wie sich sein Umfeld definiert und was seine wichtigsten Unternehmenswerte, die sogenannten Kronjuwelen, sind. Dies setzt eine Analyse der geostrategischen Lage des Unternehmens, des Wettbewerbsraums der Produkte und Dienstleistungen sowie der Kundenstruktur voraus. Daraus ergibt sich ein Bild, welches Aufschluss über die Gefährdung des Unternehmens gibt.

Das Täterprofil hat sich in den letzten Jahren ebenfalls verändert. Je nach Deliktfeld sind unterschiedliche Täterstrukturen zu finden. Es ist nicht mehr nur vom klassischen Einzeltäter auszugehen, sondern die Delikte werden oft von internationalen Banden und gewerbsmäßig organisierten Tätergruppen begangen. Diese Täterstrukturen arbeiten oftmals arbeitsteilig ohne hierarchische Strukturen und Organisationsformen. Sie kennen sich oft nicht persönlich, sondern nutzen auch in der Kooperation die Anonymität des Internets. Komponenten des Angriffs, die nicht selbst geleistet werden können, werden von anderen Tätern und Unterstützern als Services hinzugekauft. Das Angebot in dieser Underground Economy ist breit gefächert und reicht von der für die Begehung von Straftaten erforderliche Schadsoftware über Geldwäsche bis hin zu kompletten technischen Infrastrukturen.

Das Geschäftsfeld Cybercrime wird zunehmend auch von Strukturen der organisierten Kriminalität (OK) bedient. Deshalb ist davon auszugehen, dass die Methoden und Straftaten sich kurz- bis mittelfristig zu höheren Schadenssummen und komplexeren Angriffsstrukturen weiterentwickeln werden. Dies bedeutet, dass auf der Täterseite nicht mehr anonymisierte Täter, sondern mafiaähnliche Strukturen existieren, die die Straftaten begehen, und dass diese Strukturen deutlich hierarchischer organisiert sind.

Wie aus der polizeilichen Kriminalstatistik ersichtlich, sind die Dunkelziffern bei Cyberdelikten sehr hoch. Die Gründe dafür sind unterschiedlich. Oft werden Taten aus Angst vor Reputationsschäden oder weil die Tat vom Geschädigten erst gar nicht bemerkt wird nicht zur Anzeige gebracht. Letzteres ist meistens der Fall bei der Cyberspionage. Die Täter wollen unbemerkt bleiben und sind sehr vorsichtig; die betroffenen Unternehmen merken daher oft nicht, dass sie angegriffen wurden und darüber hinaus sind die Angriffsarten nicht bekannt. Aufgrund des großen Dunkelfeldes im Bereich der Cyberstraftaten und der Vielzahl der betroffenen Systemarchitekturen ist es kaum möglich vorherzusagen, wie groß das Schadenspotenzial und die Kosten wirklich sind. Die Hochrechnungen und die polizeilichen Fallzahlen lassen die Dimension zwar erahnen, jedoch sind exakte Werte schwer zu erheben. Jedes Unternehmen muss sich bewusst sein, dass ein Cyberangriff nicht nur einen direkten Schaden verursacht, sondern auch Kosten generiert wie Rechtsberatung, IT-Consulting, Anpassung der Systemarchitektur etc., die nur schwer zu bemessen sind.

**Lösungsansätze: Cyberstrategie und Maßnahmenentwicklung**
Ein komplexes Thema wird komplizierter durch ein differentes Verständnis von Cybersicherheit und IT-Sicherheit. Wie schon erwähnt, bezeichnen die beiden Begriffe nicht dasselbe: Die IT-Sicherheit ist ein Teil der Cybersicherheit, bezieht sich aber ausschließlich auf den Schutz der Informationstechnologie; Cybersicherheit ist demnach viel komplexer und beinhaltet wie erwähnt auch nichttechnische Aspekte und damit gesamthaft den Schutz des Unternehmens. Cyberrisiken sind ein Teil des Gesamtrisikos eines Unternehmens, dies wiederum bedeutet, dass die Sicherheitsmaßnahmen auf die Teilrisiken abgestimmt werden müssen und in der Verantwortung der Geschäftsleitung liegen. Die Geschäftsleitung muss das Gesamtrisiko und die kritischen Prozesse und Infrastrukturen des Unternehmens kennen. Daraus kann sie geeignete Sicherheitsmaßnahmen zur Minimierung des Risikos ableiten und implementieren.

Viele Staaten haben erkannt, dass eine Cyberstrategie als risikobasierter Ansatz entwickelt werden muss, die alle relevanten Organisationseinheiten (intern und extern) in diesen Strategieprozess integriert. Die jeweilige Umsetzung dieser Strategien hat bereits an vielen Stellen zu Anpassungen und Weiterentwicklungen geführt. Staaten, die noch keine Cyberstrategie entwickelt haben, tauschen sich mit denen, die bereits eine Strategie haben, aus, um von den Erfahrungen zu profitieren. Organisationen wie die Europäische Netzwerkagentur ENISA und die Europäische Union sowie die Vereinten Nationen unterstützen in diesem Prozess vielfältig. Dabei können Unternehmen von den Erfahrungen und Best Practices von Staaten auf nationaler und internationaler Ebene profitieren und die bereits vorhandenen Erfahrungswerte und generischen Strukturen zur Cyberstrategie-Entwicklung anwenden, die in diesem Buch aufgezeigt werden.

Cyberangriffe laufen typischerweise nach dem gleichen Muster ab. Ein Unternehmen sollte daher zuerst analysieren, wie ein Cyberangriff abläuft, um geeignete Maßnahmen zu entwickeln und deren Umsetzung zu koordinieren. Ein Cyberangriff lässt sich in die folgenden Phasen unterteilen: Vorbereitungsphase, Angriffsphase sowie Nutzungs- und

Tarnphase. In der Vorbereitungsphase wird der Angreifer versuchen, alle notwendigen Informationen für die Durchführung des Angriffs zu beschaffen. Dazu wird die gesamte Zielumgebung ausspioniert. In der Angriffsphase werden technische Mechanismen benutzt, die den Zugang zu IT-Systemen des Opfers ermöglichen. In den meisten Fällen sind dies Trojaner, die über USB-Speichersticks, E-Mails oder sonstige Medien in das System eingebracht werden. In der Nutzungs- und Tarnphase nimmt der Angreifer im IT-System eine Administrator-Rolle ein und kann dadurch auf alle Informationen von außen zugreifen. Diese dienen dann meistens der Wirtschafts- oder Industriespionage oder einer nachgelagerten Erpressung.

In einer Cyberstrategie müssen für solche Cyberangriffe, die oft nach einem generischen Muster ablaufen, geeignete Maßnahmen entwickelt werden, damit bekannte Angriffsarten nicht mehr durchführbar sind und das Unternehmen auf weitere Cyberangriffe vorbereitet ist. Diesbezüglich gibt es drei generische Phasen der Cybersicherheit: die Präventionsphase, die Reaktionsphase und die Wiederherstellungsphase. Für jede Phase müssen die richtigen Verantwortlichen und Beteiligten identifiziert und definiert und geeignete Maßnahmen und Meilensteine entwickelt werden. Typischerweise werden in den folgenden Bereichen Maßnahmen entwickelt, die bedarfsgerecht auf das Unternehmen zugeschnitten werden. Diese sind zum Beispiel:

- Awareness und szenariobasiertes Training
- Detektion von Angriffen
- Organisatorische- und technische Maßnahmen zur Verbesserung der IT-Sicherheit
- Lagebeurteilung und Bedrohungsanalysen
- Verwundbarkeitsanalysen der kritischen Geschäftsprozesse und Systeme
- Organisatorisches und technisches Incidentmanagement
- Krisenmanagement und Krisenkommunikation
- Kooperation (gesetzliche Vorgaben, Meldepflicht, polizeiliche und weitere staatliche Schnittstellen)
- Kontinuitätsmanagement
- „Lessons Learned" und nachhaltige Weiterentwicklung der Sicherheitsarchitektur zur Vermeidung ähnlicher Angriffe (organisatorisch und technisch)
- Forensik und Anpassung der Cyberstrategie, damit die neusten Erkenntnisse einfließen können.

Auch sollten sich Unternehmen überlegen, wie Versicherbarkeit von Cyberrisiken sowie der Rechtsbeistand geplant werden können.

Wie diese Maßnahmen für die Cyberstrategie und die entsprechenden Trainingssequenzen aussehen könnten, sowie die Aspekte betreffend der Versicherbarkeit und dem Rechtsbeistand werden in Kap. 7 beschrieben.

Wie sich die Cyberbedrohungslage in Zukunft entwickeln wird ist abhängig von der weiteren Digitalisierung immer weiterer Lebensbereiche. Ein Ausblick dazu wird in Kap. 8 gegeben.

Wenn du deinen Feind kennst und dich selbst kennst, brauchst du das Ergebnis von hundert Schlachten nicht zu fürchten […] Was den Gegner dazu bewegt sich zu nähern, ist die Aussicht auf Vorteil. Was den Gegner vom Kommen abhält ist die Aussicht auf Schaden.

Sun Tzu, „Die Kunst des Krieges"

# Teil I

# A: Erkennung der Cyberproblematik

This world – cyberspace – is a world that we depend on every single day [It] has made us more interconnected than at any time in human history.

US-Präsident Barack Obama, 29. Mai 2009

Das Internet ist für uns alle Neuland, und es ermöglicht auch Feinden und Gegnern unserer demokratischen Grundordnung natürlich, mit völlig neuen Möglichkeiten und völlig neuen Herangehensweisen unsere Art zu leben in Gefahr zu bringen.

Kanzlerin Angela Merkel auf einer Pressekonferenz mit US-Präsident Barack Obama am 19. Juni 2013

> ▶ **Cybersicherheit ist nicht nur IT-Sicherheit**
> IT-Sicherheit ist Teil der Cybersicherheit, aber die Cybersicherheit ist viel komplexer und schließt neben den technischen auch nicht-technische Aspekte wie organisatorische, physische und personelle Aspekte ein. Die untenstehenden Definitionen sollen diesen Unterschied verdeutlichen.

- **Cyber-Begriff** Der Begriff Cyber geht zurück auf den 1947 von Norbert Wiener definierten Begriff Cybernetics (deutsch: Kybernetik). Wiener meinte damit die Kunst des Steuerns im Sinne der Automatisierung von Prozessen und Systemen.
- **Cybersicherheit** Cybersicherheit umfasst **alle** Maßnahmen der jeweiligen Organisation zum Schutz vor Angriffen durch Dritte, die durch oder mit Computersystemen durchgeführt werden und das Ziel haben, einen Schaden zu erzeugen.
- **IT-Sicherheit** IT-Sicherheit umfasst **alle technischen** Maßnahmen zum Schutz der Netzwerke, der Computersysteme und der dazugehörigen Software vor bereits bekannten Angriffsarten.

# Hintergrundinformationen zur Cyber-(Un)Sicherheit

2

**Zusammenfassung**

Die zunehmende Digitalisierung, Automatisierung und Vernetzung haben stark zugenommen und zu großen Abhängigkeiten geführt. Geschlossene Netzwerke und Stand-alone-Computersysteme wurden durch Standardisierung, Vernetzung und Mobilität verdrängt. Regierungen, kritische Infrastrukturen, Unternehmen und Gesellschaften digitalisieren und automatisieren ihre Geschäftsmodelle sowie die zugrunde liegenden Geschäftsprozesse und Lebensbereiche, somit sind viele Geschäftsmodelle ohne diese Technologien nicht mehr wettbewerbsfähig betreibbar. Dadurch sind große Chancen und Vorteile, aber auch Risiken entstanden. Die Abhängigkeit von der Informationstechnologie bedeutet, dass die Systeme zuverlässig funktionieren müssen und die Sicherheit gewährleistet sein muss. Für Unternehmen und Regierungen gleichermaßen ist es unerlässlich, dass ihre Prozesse und Systeme unter allen relevanten Umständen geschützt werden. Das gesamte Unternehmen und seine Liefer- und Logistikketten müssen berücksichtigt werden. Es besteht somit der Bedarf und die Notwendigkeit, das Bewusstsein und das Verständnis für Cybersicherheit im Rahmen einer „Sicherheitskultur" auf allen Ebenen des Unternehmens zu entwickeln. Ein besseres Verständnis der Risiken, Schwachstellen und Bedrohungen für die IT-Systeme und Netzwerke müssen auf allen Managementebenen und bei jedem einzelnen Mitarbeiter etabliert werden.

**Die Welt hat sich gewandelt**

Digitale Infrastrukturen sind zunehmend das Rückgrat von florierenden Volkswirtschaften, transparenten Regierungen und freien Gesellschaften. Die Informationstechnologie fördert den grenzüberschreitenden Dialog und den weltweiten Austausch von Informationen, Gütern und Dienstleistungen wie nie zuvor. Die Welt von heute ist vernetzter und digitalisierter denn je und die Vernetzung macht an staatlichen Grenzen keinen Halt. Fast ein Drittel der Weltbevölkerung nutzt das Internet direkt, und unzählige Lebensbereiche

© Springer Fachmedien Wiesbaden GmbH 2017
M. Bartsch, S. Frey, *Cyberstrategien für Unternehmen und Behörden*,
DOI 10.1007/978-3-658-16139-2_2

des täglichen Lebens sind vom Internet abhängig. Es gibt heute mehr als vier Milliarden drahtlose digitale Geräte, unzählige Apps und Anwendungen – und wahrscheinlich noch sehr viel mehr Sicherheitslücken.

Satya Nadella, Vorstandsvorsitzender von Microsoft, sagt: „Today everything is becoming digitized." Die geschlossenen Netzwerke und Stand-alone-Computersysteme wurden durch Standardisierung, Vernetzung und Mobilität verdrängt und zunehmend unter dem Begriff Cloud in digitale Geschäftsmodelle überführt. Regierungen, kritische Infrastrukturen, Unternehmen und Gesellschaften digitalisieren und automatisieren ihre Geschäftsmodelle sowie die zugrunde liegenden Geschäftsprozesse und Lebensbereiche und sind auf eine moderne Informationstechnologie und das Internet angewiesen. Viele Geschäftsmodelle sind ohne diese Technologien nicht mehr wettbewerbsfähig betreibbar, und neue innovative Geschäftsmodelle sind heutzutage ausschließlich im Bereich der Informationstechnologie oder in deren exzessiver Nutzung zu finden. Daten sind zugleich eine neue Währung und ein neuer volkswirtschaftlicher Produktionsfaktor. Diese Entwicklung kann im globalen Kontext nicht mehr gestoppt werden und wird sich in Zukunft noch deutlich verschärfen.

Die industrielle Revolution und die Entwicklung von Nuklearwaffen haben das Gesicht der Welt für immer verändert und eine Anpassung der Politik und der Lebensweisen zur Konsequenz gehabt. Das Internet, die Digitalisierung und die Cybersicherheit werden ähnliche, wenn nicht sogar noch schwerwiegendere Veränderungen in globalisierten Gesellschaften mit sich bringen. Abb. 2.1 zeigt die Vernetzung und Abhängigkeiten seit 1960.

Die Vorteile der Digitalisierung liegen klar auf der Hand, jedoch gibt es auch die andere Seite der Medaille: Die Abhängigkeit von der Informationstechnologie bedeutet, dass die Systeme zuverlässig funktionieren müssen und die Sicherheit gewährleistet sein muss.

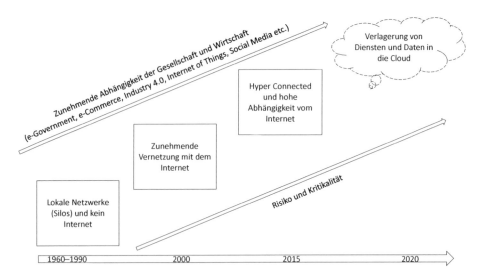

**Abb. 2.1**  Zunehmende Vernetzung und Abhängigkeiten seit 1960

Die Vertraulichkeit, Integrität und die Verfügbarkeit der kritischen Geschäftsprozesse sind Grundlage für einen reibungslosen und sicheren Geschäftsbetrieb und erfordern unmittelbar, dass alle Informationssysteme vor dem Zugriff durch Dritte geschützt werden. Für Unternehmen und Regierungen gleichermaßen ist es unerlässlich, dass ihre Prozesse und Systeme unter allen relevanten Umständen geschützt werden. Das gesamte Unternehmen und seine Liefer- und Logistikketten müssen berücksichtigt werden, da ein Cyberangriff auf einen kleineren, jedoch wichtigen Lieferanten große Auswirkungen auf das gesamte Unternehmen haben und zu unvorhergesehenen Effekten führen kann.

Es besteht der Bedarf und die Notwendigkeit, das Bewusstsein und das Verständnis für Cybersicherheit im Rahmen einer „Sicherheitskultur" auf allen Ebenen des Unternehmens zu entwickeln. Ein besseres Verständnis der Risiken, Schwachstellen und Bedrohungen für die IT-Systeme und Netzwerke müssen auf allen Managementebenen und bei jedem einzelnen Mitarbeiter etabliert werden. Dies wird immer wichtiger, da die stetig wachsende Anzahl vernetzter Informationssysteme und Netzwerke einer steigenden Anzahl von Schwachstellen und dadurch auch Bedrohungen ausgesetzt sind.

Cyberkriminelle werden auch in Zukunft diese Schwachstellen vermehrt ausnutzen, was wiederum eine Zunahme der Cyberangriffe mit sich bringen wird. Illegale Aktivitäten im Internet (organisierte Kriminalität), die durch neue Vertriebswege für illegale Daten und Waren im „deep" und „dark" Web entstehen, sind ebenfalls zunehmend zu beobachten. Daraus entstehen zusätzliche Herausforderungen für die Strafverfolgungsbehörden und betroffene Unternehmen, die mit diesen dynamischen und hochgradig technisierten Entwicklungen nur mit größten Anstrengungen Schritt halten können. Jedes Unternehmen und jede Organisation sollte daher die neu entstandene Verantwortung übernehmen und die Cybersicherheit nachhaltig und verlässlich erhöhen.

Aber wie hat alles begonnen?

Die Grundlagen der globalen Vernetzung gehen darauf zurück, dass die Vereinigten Staaten von Amerika ein Computernetzwerk entwickeln wollten, bei dem die Kommunikationssysteme der amerikanischen Streitkräfte nachhaltig funktionieren sollten. So wurde das ARPANET, welches von der Advanced Research Projects Agency (ARPA) finanziert wurde, entwickelt. Das ARPANET hat die Art und Weise, wie Netzwerke strukturiert und Daten ausgetauscht werden, grundlegend verändert. Es war das erste Netzwerk, welches das heute immer noch verwendete Internet-Protokoll TCP/IP nutzte. Ende der 1960er-Jahre wurden somit die technologischen Grundlagen geschaffen, die heute noch weitestgehend im Einsatz sind. Nachdem Ende der 1970er-Jahre die ersten größeren Netzwerke entstanden sind, dehnte die neue Technologie sich auf alle Bereiche der Computersysteme und der Vernetzung aus. Die neue, kosteneffiziente Technologie der Vernetzung war nicht mehr aufzuhalten. An Missbrauch, Spionage oder Sabotage wurde damals nicht gedacht; auch nicht daran, dass nur wenige Jahre später diese Netzwerke die Lebensader der Gesellschaft und das Rückgrat ganzer Industriezweige sein würden. Die Komplexitäten und Abhängigkeiten dieser Vernetzung sind dermaßen groß geworden, dass die Risiken und die damit verbundenen Kaskadeneffekte nicht mehr verständlich und einschätzbar sind. Selbst Experten benötigen lange Zeiträume zur Analyse der Systeme, um Schwachstellen zu finden.

In den letzten Jahren gab es entscheidende Entwicklungen, die dafür sorgten, dass wir heute vor nahezu unlösbaren technischen Problemen stehen. Systeme der Informationstechnologie werden unter enormem Kostendruck entwickelt, globale Standards zwingen die Anbieter zu immer schnelleren Produktzyklen und die Wünsche der Anwender nach Innovation und kurzen Integrationszyklen lassen kaum Zeit für die nachhaltige Entwicklung von inhärenten Sicherheitsansätzen. Bei jedem professionellen Anwender sind mehrere Milliarden Zeilen Programmcode im Einsatz, und geprüfte Produkte, die nachweislich sicher sind, sind im Vergleich sehr viel teurer. Dies führt zu einem IT-technischen Gottvertrauen, welches vor dem Cyberzeitalter noch ausreichend war, aber heute zu unüberschaubaren Sicherheits- und damit Geschäftsrisiken führt.

Als 1970 in Deutschland das Bundesland Hessen das weltweit erste Datenschutzgesetz [1] erließ, kamen die ersten Ansätze auf, Daten, die in und durch Computersysteme verarbeitet werden, zu schützen. Informations- und Datenschutz ist auch heute noch eine wesentliche Herausforderung in der Datenverarbeitung. Datenschutz ist ein Problem, welches eher die allgemeine Sorgfaltspflicht beschreibt als den wirklichen technischen und organisatorischen Schutzbedarf. Das jeweilige Geschäftsmodell definiert den Umgang mit den Daten, der Schutzbedarf erhöht jedoch die Kosten. Durch diesen Umstand wurden Daten zu einer neuen Währungseinheit und damit zum Ziel von Diebstahl, Manipulation und Missbrauch durch Dritte. Auch die Nichtverfügbarkeit von wichtigen Systemen und damit von Geschäftsprozessen wird zum drohenden Nachteil von Unternehmen, die nicht in der Lage sind, diese relevanten Systeme zu schützen.

Dieser Trend lässt sich kaum mehr stoppen und hat dazu geführt, dass sich die Bedrohungslage massiv zugespitzt hat. Wie die aktuelle Bedrohungslage aussieht wird im folgenden Kapitel behandelt.

## Literatur

1. Landesdatenschutzgesetz Hessen, 7. Oktober 1970 erstes formelles Datenschutzgesetz der Welt, siehe: Deutsches Bundesdatenschutzgesetz (BDSG) vom 20.12.1990 und siehe: Schweizerisches Bundesgesetz über den Datenschutz (DSG) vom 19. Juni 1992

# Bedrohungslage

## Zusammenfassung

Die Cyberbedrohungen sind in den letzten Jahren stark angestiegen und alles und jeder steht heute im Visier der Täter – Staaten, kritische Infrastrukturen und Unternehmen jeglicher Größe sowie weite Teile der vernetzten Bevölkerung. Je nach Intention bedienen sich die Täter verschiedener Straftaten wie Cybercrime, Cyberhacktivismus, Cyberspionage oder auch Cybersabotage zur Durchführung des Angriffes. Bei Cybercrime spricht man von Cybercrime im engeren und im erweiterten Sinne. Im engeren Sinn werden alle Straftaten gefasst, die sich gegen Computersysteme, Netzwerke, Daten und das Internet richten oder nur damit durchführen lassen. Im erweiterten Sinne umfasst der Begriff alle Straftaten, die Computersysteme zur Durchführung von weiteren Straftaten (Steuerhinterziehung, Abrechnungsbetrug etc.) verwenden. Unter Cyberhacktivismus versteht man das Manipulieren von Webseiten und digitalen Informationsmedien zur Verbreitung von differenten Statements und Protestnachrichten, die im Allgemeinen ein politisches oder religiöses Ziel verfolgen. Bei Cyberspionage handelt es sich wie bei der klassischen Spionage um die verdeckte Informations- und Datengewinnung. Bei der Cyberspionage geht es darum, einen Wettbewerbsvorteil (Industriespionage) oder einen staatlichen Branchenvorteil (Wirtschaftsspionage) zu erlangen. Bei der Cybersabotage geht es um störende oder zerstörende Angriffe auf strategische Ziele.

Die Bedrohungen im Internet haben sich deutlich verschärft und die Cybersicherheit rückt immer mehr in den Vordergrund. Auch werden Angriffe auf Computersysteme optimierter und technisch ausgereifter als noch vor wenigen Jahren durchgeführt. Die Tätergruppen haben klare Ziele und verfolgen diese konsequent mit allen notwendigen Mitteln. Die technischen Werkzeuge zur Durchführung eines Cyberangriffs sind vielfältig verfügbar und werden höchst professionell in Kombination mit Social Engineering zum Einsatz gebracht. So haben diese Angriffe einen solchen Grad an Perfektionierung erreicht, dass

© Springer Fachmedien Wiesbaden GmbH 2017
M. Bartsch, S. Frey, *Cyberstrategien für Unternehmen und Behörden*,
DOI 10.1007/978-3-658-16139-2_3

sie, wenn überhaupt, nur mit allgemeinen (IT-Sicherheitsprodukten) und spezifischen Cybersicherheitsmaßnahmen verhindert werden können. Jeder steht im Visier der Täter – Staaten, kritische Infrastrukturen und Unternehmen jeglicher Größe sowie weite Teile der vernetzten Bevölkerung. Je nach Intention bedienen sich die Täter verschiedener Straftaten wie Cybercrime, Cyberhacktivismus, Cyberspionage oder auch Cybersabotage zur Durchführung des Angriffes.

Die Cyberbedrohungslage beschreibt die Anzahl der technischen Möglichkeiten, Angriffe durchzuführen (z. B. Top Five Web Attack Toolkits, Malicious File Attachments in E-Mails, Growing Dominance of Crypto-Ransomware etc.) [1]. Vor den bekannten technischen Angriffen kann ein Unternehmen sich durch Einsatz von IT-Sicherheitsprodukten, die auf die jeweiligen IT-Systeme des Unternehmens ausgerichtet sind, schützen. Eine wertvolle Quelle zur technischen Bedrohungslage stellen die jeweiligen Threat- und Trendreports der Hersteller von Sicherheitsprodukten wie zum Beispiel Symantec, FireEye, Kaspersky, Verizon, Norse Cooperation etc. dar. Es ist aber wichtig, diese Berichte mit Bedacht zu lesen, denn jeder Hersteller berichtet über bekannte Angriffsvektoren, die erfolgreich durch ihre jeweiligen Sicherheitssysteme abgewehrt wurden, also die Verteilung der bekannten Angriffe auf die Kundengruppen, die die jeweiligen Sicherheitsprodukte in Betrieb haben und nicht welche Produkte genau betroffen gewesen sind. Es handelt sich hier also um die Summe aller erkannten Angriffe innerhalb einer Angriffsgruppe.

Zur genauen Analyse wären die Berichte aller Anbieter zu lesen, um dann die Ergebnisse mit weiteren relevanten technischen Informationen zu den installierten IT-Systemen zu verknüpfen, damit anschließend diese Angriffsarten auf die eigenen Systeme projiziert werden können, um dann geeignete technische Schutzmaßnahmen treffen zu können. Darüber hinaus sind die Zahlen der Anbieter zum Teil auch gegensätzlich, da sie unterschiedliche Kundengruppen und Technologieansätze haben. Auch sind die veröffentlichten Statistiken dieser Berichte mittlerweile so komplex, dass auch IT-Fachleute nicht mehr in der Lage sind, die passenden Schlüsse für die eigene Sicherheitsarchitektur daraus zu ziehen. Mandiant Consulting, ein Cybersecurity Beratungshaus, das zu dem amerikanischen Sicherheitsanbieter FireEye gehört, hat im M-Trends Report von 2016 [2] Zahlen als Durchschnitt aller erfassten Cyberangriffe in Europa, im mittleren Osten und in Afrika angegeben. So haben 2016 die betroffenen Unternehmen und Behörden Angriffe innerhalb von ca. 1,5 Jahren (469 Tage) nicht bemerkt, wobei Datenmengen von 2,6 GB unter dem Radar der installierten Sicherheitstechnologie abgeflossen sind. Im Jahr 2013 lag laut Mandiant die Anzahl der Tage, die ein Angriff unbemerkt war, noch bei 229 Tagen [3]. Das bedeutet, dass die Angreifer wieder professioneller geworden sind und die Erkennung von Angriffen deutlich erschwert wurde. Tab. 3.1 zeigt die Durchschnittswerte eines Cyberangriffs.

Wird jedoch ein Angriff nicht erfolgreich abgewehrt, weil die Sicherheitsprodukte ihn nicht kennen oder es keine Sicherheitssoftware gibt, entsteht eine Straftat, die der Cybercrime, Cyberspionage oder Cybersabotage zugeordnet werden kann. Wird der Angriff bemerkt, können die Sicherheitsprodukte angepasst oder weitere Sicherheitsprodukte eingeführt und eine Strafanzeige gestellt werden. Dadurch entsteht das sogenannte „Hellfeld".

**Tab. 3.1** Durchschnittswerte eines Cyberangriffs

| Kategorie | Durchschnitt |
| --- | --- |
| Anzahl analysierter Systeme in einer Organisation | 40.167 |
| Anzahl kompromittierter Systeme durch einen Angreifer | 40 |
| Anzahl kompromittierter Nutzer-Accounts durch einen Angreifer | 37 |
| Anzahl kompromittierter Admin-Accounts durch einen Angreifer | 7 |
| Menge der gestohlenen Daten | 2,6 GB |
| Anzahl der Tage, über die der Angriff unbemerkt war | 469 |

Das Hellfeld sind die bekannten Straftaten, die zur Anzeige gebracht werden. Wird der Angriff jedoch nicht bemerkt, weil es sich um eine Cyberspionage handelt oder der Geschädigte keine Anzeige erstattet, befindet sich der Angriff im „Dunkelfeld". Im Allgemeinen beträgt das Hellfeld nur ein Bruchteil des Dunkelfelds. Die Erhellung des Dunkelfelds stellt somit eine große Aufgabe und Herausforderung für die Strafverfolgungsbehörden dar.

Aus diesen technischen Bedrohungen entstehen cyberrelevante Straftaten, die nachfolgend beschrieben werden.

## 3.1   Arten der Cyberbedrohungen

### 3.1.1   Cybercrime

Bei Cybercrime spricht man von Cybercrime im engeren und im erweiterten Sinne. Unter Cybercrime im engeren Sinn werden alle Straftaten gefasst, die sich gegen Computersysteme, Netzwerke, Daten und das Internet richten oder nur damit durchführen lassen. Im erweiterten Sinne umfasst der Begriff alle Straftaten, die Computersysteme zur Durchführung von weiteren Straftaten (Steuerhinterziehung, Abrechnungsbetrug etc.) verwenden [4].

In den Jahren 2015 und 2016 waren Crypto-Trojaner erstmalig weit verbreitet und haben nachweislich einen großen Schaden angerichtet. Nutzdaten wurden verschlüsselt, und gegen Zahlung von Erpressungsgeldern wurde der entsprechende Entschlüsselungscode zur Verfügung gestellt. Es wurden nicht nur Computersysteme von Privatpersonen infiziert, sondern auch die Systeme zahlreicher Unternehmen, Behörden und Verwaltungen. Prominente Vertreter dieser Angriffsmechanismen sind Locky, Teslacrypt und der CTB-Locker, der Webseiten infiziert und verschlüsselt. Die Ransomware Locky hat in Spitzenzeiten allein in Deutschland bis zu 5000 Computersysteme pro Stunde infiziert. Dabei sucht Locky nach allen möglichen Speicherorten, verschlüsselt die Dateien und nimmt damit den Nutzern die Möglichkeit, diese weiterhin zu nutzen. Das Hintergrundbild des Arbeitsplatzes wird geändert und durch eine Anleitung ersetzt, auf der beschrieben wird, wie man die Daten nach entsprechender Zahlung wiederherstellen kann. Dieses Vorgehen ist eine klassische Erpressung, die eine Computerstraftat, also Cybercrime im engeren Sinne, darstellt. Unter den Opfern sind auch Stadtverwaltungen, die zum Teil die

Lösegeldforderungen in digitaler Währung wie Bitcoins bezahlt haben [5]. Auch Krankenhäuser waren betroffen. Dies führte zur Unterbrechung des Regelbetriebes, was in einem Krankenhaus zu schwerwiegenden Komplikationen wie der Nichtversorgung von Ambulanz- und Notfallpatienten geführt hat [6].

**Beispiel aus der Praxis**

**Enkeltrick 4.0 – Wenn der falsche Chef Geld will**

**„Fake President" oder auch „CEO-Fraud", so heißt die Masche, mit der Betrüger derzeit Millionen ergaunern. Sie läuft nach ähnlichem Schema ab wie der bekannte Enkel-Trick. Nur ruft hier nicht der vermeintliche Enkel die Oma an, sondern der vermeintliche Firmenchef einen Mitarbeiter.**

Für Deutschland weist die aktuelle Statistik des Bundeskriminalamtes (Stand März 2016) für derlei Betrugsdelikte seit Erfassung einen Schaden von ca. 88 Millionen Euro bei 51 vollendeten Taten aus. Ziel sind Unternehmen, von kleinen und mittelständischen Unternehmen bis zum DAX-Konzern. Die Erfolgsquote der Täter liegt dabei je nach Unternehmensgröße bei bis zu 50 Prozent.

Die Betrüger bereiten ihren Coup gut vor, recherchieren und sammeln alle verfügbaren Informationen – vor allem im Internet. Dort lassen sich häufig Dokumente finden oder erwerben, die den Betrügern ihr Vorgehen erleichtern, etwa Gesellschafterverträge, die z. B. auf der Online-Plattform des Handelsregisters gegen einen geringen Betrag zu haben sind. Noch einfacher machen es Firmen den Tätern, in dem sie z. B. Unterschriften auf der Webseite veröffentlichen.

Darüber hinaus finden sich im Internet auch die Informationen, die für die spätere Tatausführung benötigt werden – wer ist CEO oder CFO und wie lauten deren E-Mail-Adressen? Weitere Informationen erlangen die Täter häufig durch direkte Anrufe im Unternehmen, z. B. bei den verantwortlichen Buchhaltern. Die Täter überzeugen ihre Opfer im Telefonat durch routiniertes Auftreten und Detailinformationen. Zeitlich versetzt leiten die Betrüger dann den eigentlichen Angriff ein. Dabei werden per Mail unter Vorspiegelung einer im Unternehmen berechtigten Person auf Vorstandsebene zunächst nur kurze Fragen gestellt, bspw.: „Sind Sie heute im Büro?" „Bist Du am Platz?", „Kann ich heute auf Sie zählen?" oder ähnliches. Werden diese E-Mails in gutem Glauben beantwortet, folgt die nächste E-Mail des „Chefs". Sie avisiert ein dringendes Geschäft, wie die eilige Übernahme einer Firma, den Ad-Hoc-Kauf eines für das Unternehmen besonders wichtigen Patentes, alles unter Wahrung strengster Geheimhaltung, damit das Geschäft nicht in letzter Minute platzt oder ein Mitkonkurrent schneller ist. Der Mitarbeiter wird sodann veranlasst eine Überweisung vorzunehmen oder auf entsprechende Direktiven einer zur Abwicklung des Geschäftes eingesetzten Unternehmensberatungsfirma zu warten. Mit nachgereichten „Fantasie-Dokumenten" der Bundesanstalt für die Finanzdienstleistungsaufsicht (BaFin) oder Verschwiegenheitserklärungen (NDA) wird die vermeintliche Seriosität des Geschäftes weiter gefestigt.

Vom Zielkonto wird das Geld schnell in Tranchen weiter verteilt und ist meist nicht verfolgbar oder rückholbar. Dem Landeskriminalamt Nordrhein-Westfalen (LKA NRW) ist es jedoch in enger Zusammenarbeit mit der Financial Intelligence

Unit des Bundeskriminalamtes gelungen, seit Übernahme der landeszentralen Ermitt-lungen im Dezember 2015 bereits mehr als 20 Millionen Euro für die geschädigten Firmen aus NRW im Ausland zu sichern. Die Zusammenarbeit zwischen dem LKA und den Firmen war dabei eng und kooperativ.

Die Betroffenen sollten in jedem Fall versuchen, über Korrespondenzanwälte die Ansprüche gegen die Kontoinhaber der Zielkonten geltend zu machen. Die Industrie- und Handelskammern können hier über die jeweiligen Auslandshandelskammern ebenfalls unterstützen.

Natürlich ist es aber wesentlich besser, einen Schaden gar nicht erst eintreten zu lassen. Das Landeskriminalamt Nordrhein-Westfalen gibt dazu folgende Ratschläge:

- Kontrollieren Sie die öffentlich einsehbaren Informationen ihres Unternehmens, achten Sie auf Publikationen durch Sie und Ihre Mitarbeiter.
- Führen Sie Unterscheidungsmerkmale ein, mit denen Mitarbeiter Autorisierungen/ Unterschriften von denen im Netz verfügbaren unterscheiden können.
- Bedenken Sie die Einführung von Regeln im Falle von Abwesenheiten und schaffen Sie interne Kontrollmechanismen.
- Klären Sie Mitarbeiter an neuralgischen Stellen über die Gefahren von „CEO-Fraud" und „Social Engineering" auf.
- Weisen Sie Ihre Mitarbeiter darauf hin, dass die Bundesanstalt für Finanzdienstleis-tungsaufsicht (BaFin) keine Zahlungsanweisungen oder Verschwiegenheitserklä-rungen versendet oder einzelne Zahlungen autorisiert.
- Prüfen Sie die Möglichkeiten kontrollierter E-Mail-Verwaltung.
- Sprechen Sie mit Ihrer Bank, wie Sie im Fall der Fälle vorgehen können.

**Im Falle von Zahlungsanweisungen sollten Sie vor Veranlassung der Zahlung**

- den Absender- und die Antwortadresse und Schreibweise der E-Mail prüfen,
- bei einer Antwort die E-Mail-Adresse des Empfängers von Hand eingeben,
- die Zahlungen per Rückruf/persönlicher Rückfrage beim Auftraggeber verifizieren.

**Was kann man tun, wenn es schon zu spät ist?**

- Wenden Sie sich umgehend an Ihren Vorgesetzten und schildern Sie das Problem.
- Treten Sie mit Ihrer Bank und IHK in Kontakt und versuchen Sie gemeinsam, das Geld „anzuhalten".
- Erstatten Sie Anzeige!

Geschädigte eines CEO-Fraud sollten sich unmittelbar an den Single Point of Cont-act des Cybercrime Kompetenzzentrums des zuständigen Landeskriminalamtes oder der nächstgelegenen Polizeidienststelle melden. Siehe Kap. 4.3, Liste der Zentralen Ansprechstellen Cybercrime (ZAC) der Polizeien in Deutschland.

**Dirk Kunze,** Kriminalrat beim Landeskriminalamt Nordrhein-Westfalen.

### 3.1.2 Hacktivismus

Unter Hacktivismus versteht man das Manipulieren von Webseiten und digitalen Informationsmedien zur Verbreitung von differenten Statements und Protestnachrichten, die im Allgemeinen ein politisches oder religiöses Ziel verfolgen. Das Stören und Verändern von Webseiten von Organisationen oder auch prominenten Personen wie Politikern oder Managern und von staatlichen Einrichtungen gehört ebenso dazu wie das Manipulieren von Inhalten und das Verunglimpfen von Personen. Hacktivismus nutzt dabei technische Möglichkeiten wie Hacking, um Websites und Server zu manipulieren.

---

**Beispiel aus der Praxis**

**Webseiten-Defacement**: In der Diskussion um die Vorratsdatenspeicherung in Deutschland wurde Anfang 2009 die Webseite des damaligen Bundesinnenministers Dr. Wolfgang Schäuble gehackt und die Inhalte wurden manipuliert. Dabei wurden Verlinkungen zur Initiative gegen Vorratsdatenspeicherung eingefügt, die gegen die politische Meinung und Initiative des Bundesinnenministers gerichtet war.

---

### 3.1.3 Cyberspionage

Bei Cyberspionage handelt es sich wie bei der klassischen Spionage um die verdeckte Informations- und Datengewinnung, mit dem Unterschied, dass bei der Cyberspionage die Gewinnung von Informationen, welche in Computersystemen oder Datenbanken gespeichert sind, im Vordergrund steht. Das Neue daran ist, dass die Täter alle Aktivitäten aus der Ferne durchführen können. Bei der Cyberspionage geht es darum, einen Wettbewerbsvorteil (Industriespionage) oder einen staatlichen Branchenvorteil (Wirtschaftsspionage) zu erlangen. Wirtschaftsspionage ist ein altbekanntes und seit Langem ein wichtiges Instrument von Staaten. Mit den Enthüllungen von Edward Snowden ist der Welt erstmalig transparent geworden, dass alle Arten der digitalen Spionage ein wichtiges Instrument von Staaten geworden sind. Im Wesentlichen ist es das Ziel der Wirtschaftsspionage, einen ökonomischen Vorteil zu erlangen. Dabei konzentrieren sich Staaten oft auf das Ausspionieren von kritischen Technologien, weil diese zu einem ökonomischen oder militärischen Vorsprung führen können. Ein weiteres Themenfeld der Wirtschaftsspionage ist der Diebstahl von Forschungs- und Entwicklungsergebnissen in allen Wirtschaftsbereichen; insbesondere die Automobilindustrie, Maschinenbau, Pharma- und Medizinindustrie und die Wehrtechnik stehen traditionell im Vordergrund. Die Detektionsraten und die technischen Mechanismen zur Aufdeckung solcher Taten sind nach wie vor gering, da die Täter unter allen Umständen vermeiden wollen entdeckt zu werden. Frei nach dem Motto „Was ich nicht weiß, macht mich nicht heiß" sind viele Unternehmen und Behörden nicht gewillt, sich mit dem Thema zu beschäftigen und geeignete Maßnahmen im Bereich der Awareness und der technischen Prävention umzusetzen.

**Beispiel aus der Praxis**

**Wirtschaftsspionage mit dem Ziel, Zugang zu Forschungs- und Entwicklungser-gebnissen zu erlangen**: Im Jahr 2013 wurden unter anderem schwerwiegende Cyber-spionageangriffe auf den europäischen Rüstungs-, Luft- und Raumfahrtkonzern EADS (heutige Airbus Group) und den Technologiekonzern ThyssenKrupp durchgeführt.

Es wird davon ausgegangen, dass die Angriffe chinesischen Ursprungs sind.

## 3.1.4 Cybersabotage

Bei der Cybersabotage geht es um störende oder zerstörende Angriffe auf strategische Ziele. Der Cybersabotage liegen oft Motive zugrunde, die aus der klassischen Terrorismusfor-schung oder der Kriegsführung bekannt sind. Bei einem Sabotageangriff ist es wichtig zu verstehen, was das eigentliche Ziel des Angriffs ist und ob die angegriffene Infrastruktur das direkte Ziel oder nur eine Teilkomponente in der zu sabotierenden Wertschöpfungskette ist. Sie befindet sich noch in einem embryonischen Zustand, erste Versuche wurden jedoch bereits beobachtet. Die Motivation der Angreifer besteht unter anderem darin, für einen klassischen militärischen oder asymmetrischen Konflikt vorbereitet zu sein oder sich einen wirtschaftlichen oder politischen Vorteil zu verschaffen.

**Beispiele aus der Praxis**

**Ukraine**: An Weihnachten 2015 wurde ein Angriff auf die IT des ukrainischen Strom-versorgers Kyivoblenergo durchgeführt, durch den bis zu 225.000 Menschen für meh-rere Stunden ohne Stromversorgung waren. Dieser Angriff zeigt, dass die technische Möglichkeit eines solchen Angriffs besteht und dass die Täter nicht davor zurückschre-cken, einen solchen Angriff auch durchzuführen. Zum Einsatz kam der Trojaner Black. Energy 3, der im Internet quasi für jedermann zur Verfügung steht.

**Deutscher Stahlkonzern** [7] [6]: Im Jahr 2014 haben Hacker einen deutschen Stahlkonzern angegriffen und die Steuerung eines Hochofens übernommen. Die Angreifer haben den Zugriff auf die Verwaltungsnetzwerke des Stahlwerkes durch sogenanntes Spearfishing erlangt, von da aus Zugang zu vernetzten Steueranlagen (Supervisory Control and Data Acquisition – SCADA) der Stahl-Herstellungsma-schinerie gefunden und diese manipuliert, was zu hohen Schäden geführt hat.

Eine weitverbreitete Sonderform der Sabotage sind DDoS-Angriffe, die dazu führen, dass Internetangebote und Online-Shops solange blockiert werden, bis ein Lösegeld gezahlt wird. Der Zweck des Cyberangriffs ist die kurzfristige Störung eines Geschäftsprozesses und nicht das gezielte Zerstören der technischen Infrastruktur.

Es ist häufig nicht eindeutig zuzuordnen, ob ein Angriff Spionage oder Sabotage zum Ziel hat. Die Übergänge sind fließend oder kombinatorisch und das eigentliche Ziel des Angriffs kann nicht immer eindeutig festgestellt werden.

> Der Vollständigkeit halber sei hier erwähnt, dass „Cyber Defence" ein weiteres wichtiges Themenfeld im Rahmen der Cyberbedrohung darstellt. Da dieser Teilbereich rein zwischenstaatlich und militärisch ausgeprägt ist, wird er in diesem Buch nicht weiter behandelt. Die Methoden und Mechanismen sind jedoch ähnlich. Die NATO hat Cyber im Jahr 2016 unter Artikel 5 gestellt, damit kann aufgrund eines Cyberangriffs der Bündnisfall ausgelöst werden.

### 3.1.5  Übersicht der Cyber-Fallarten

Tab. 3.2 zeigt die Übergänge zwischen den Fallarten und den technischen Mechanismen auf. Die Unterscheidung findet im Wesentlichen über die Tätermotivation statt.

**Tab. 3.2**  Übersicht der Cyber-Fallarten

| Bedrohungs-arten | Cybercrime Hacktivismus Cyberspionage Cybersabotage | | | |
|---|---|---|---|---|
| Methode | **Hacking:** Überwindung von technischen Hürden, um Zugriff auf Computer-systeme und Netzwerke zu erlangen | **Malware:** Schadsoftware zur Automatisierung von Hacking | **DDoS:** Ein verteilter Angriff auf Computersysteme, damit diese nicht mehr ordnungsgemäß funktionieren | **Social Engineering:** Informationsbe-schaffung durch zwischen-menschliche Beziehungen und in sozialen Netzwerken |
| Täter | Einzelpersonen, Gruppen oder Staaten | Einzelpersonen, Gruppen oder Staaten | Gruppen | Einzelpersonen |
| Angriffsziele | Unternehmen und Staaten | Alle Nutzer von Computersystemen | Betreiber von Internetservern und öffentlich zugängliche Infrastrukturen von Behörden und Unternehmen | Alle Nutzer von Computersystemen |
| Fallbeispiele | NSA, Sony Hack, Saudi Aramco | Online Banking, Iranisches Atomprogramm (Stuxnet) Datenverschlüs-selung (U-Cash-Trojaner, Locky und Cryptolocker) | Anonymous Bayer (Operation Greenrights), Cyberangriff auf Estland | Kevin Mitnick WikiLeaks |

**Beispiel aus der Praxis**

**Saudi Aramco** Die Ironie im Saudi Aramco-Vorfall liegt darin, dass Saudi Aramco in die physische Sicherheit von Ölplattformen massiv investiert und diese optimiert hatte (Zugang zur Ölplattform und Personalverwaltung), aber die Angreifer durch einen simplen Cyberangriff auf die administrativen Systeme (E-Mail, Arbeitsplätze und Zeiterfassungssysteme) die physische Sicherheit ausgehebelt und dadurch Zugang zu Sicherheitsbereichen erlangt haben.

# Literatur

1. Symantec, Internet Security Threat Report, Volume 21, April 2016
2. FireEye, Mandiant M-Trends Report 2014 und 2016
3. FireEye, M-Trends 2014: Beyond the Breach; M-Trends 2016: Cyber Security Threats EMEA Edition und Bundesamt für Sicherheit und Informationstechnik, Die Lage der IT-Sicherheit in Deutschland 2015, Bonn, November 2015, Kapitel 2
4. Siehe hierzu Budapest Convention on Cyber Crime, vom 1. Juli 2004.
5. „Erpressung mit Trojaner – Stadtverwaltung zahlt Lösegeld", Spiegel Online 03.03.2016, 17.42
6. „Computer – Virus legt das Lukaskrankenhaus lahm", RP-Online, 11.02.2016, 13.04 und betreffend allgemeiner Gefährdungslage Bundesamt für Sicherheit und Informationstechnik, Die Lage der IT-Sicherheit in Deutschland 2015, Bonn, November 2015, Kapitel 2.3.
7. Der Name des Stahlkonzerns ist vertraulich

# Täter und Täterorganisationsstruktur

4

**Zusammenfassung**

Das Täterprofil hat sich in den letzten Jahren stark verändert. Heute ist nicht nur vom klassischen Einzeltäter auszugehen, sondern die Delikte werden oft auch von internationalen Banden und gewerbsmäßig organisierten Tätergruppen begangen. Die Tatmotive sind entweder finanzieller, wirtschaftlicher oder politischer Natur und die Täter bedienen sich Methoden wie DDoS-Attacken, Trojanern, Hacking oder Social Engineering. Oft ist auch kein technisches Spezialwissen zur Durchführung von Online-Straftaten notwendig und auch technisch unwissende Täter können erfolgreich in Computer-Netzwerke eindringen. Im Internet gibt es spezielle Angebote und vorgefertigte Software, die problemlos beschafft und genutzt werden können. Dazu gehören „Crime as a Service"- oder „Malware as a Service"-Angebote, die Angriffe auf Computer und Netzwerke ohne großes Spezialwissen ermöglichen. Die Täterstrukturen und Organisationsformen sind unterschiedlich, es gibt einerseits Täterstrukturen, die oftmals arbeitsteilig ohne klassische hierarchische Strukturen und Organisationsformen arbeiten und andererseits die hoch spezialisierten Organisationsstrukturen, die aufgrund der Komplexität der Systeme und deren Vernetzung ein gewisses Maß an Organisation und Spezialisierung (technisch sowie im Management) zur Durchführung von Angriffen benötigen. Strafverfolgungsbehörden und Nachrichtendienste sind daher mit großen technischen und organisatorischen Herausforderungen konfrontiert. Zur Verfolgung und Bekämpfung von Cyberkriminalität gibt es einerseits die Polizeien und andererseits Allianzen und neuartige Kooperationsmodelle etwa in Form von Public Private Partnerships und die Zentralen Ansprechstellen Cybercrime (ZAC) der deutschen Landeskriminalämter.

© Springer Fachmedien Wiesbaden GmbH 2017                                                    23
M. Bartsch, S. Frey, *Cyberstrategien für Unternehmen und Behörden*,
DOI 10.1007/978-3-658-16139-2_4

Im Cybercrime Bundeslagebild von 2015 des Bundeskriminalamtes wurde Folgendes dargestellt:

> „Die Zahl der unter Cybercrime im engeren Sinne in der PKS [2] erfassten Straftaten ist im Jahr 2015 gegenüber dem Vorjahr um 8,3 % zurückgegangen; die Aufklärungsquote lag bei 32,8 % und damit 3,4 Prozentpunkte über der Vorjahresaufklärungsquote (2014: 29,4 %). Die Fälle von Computerbetrug haben um 5,6 % zugenommen und bilden die überwiegende Mehrheit aller Cybercrime-Straftaten. Die Schadenssumme in diesem Bereich ist um 2,8 % gesunken. Die Fall-zahlen zum Betrug mit Zugangsberechtigungen zu Kommunikationsdiensten sind um 8,6 % gesunken. Die registrierte Schadenssumme in diesem Bereich ist von 2,5 auf 4,6 Mio. Euro (+84 %) angestiegen. Die für das Berichtsjahr erfasste Gesamtschadenssumme betrug 40,5 Mio. Euro. Dies entspricht einer Zunahme um 2,8 % gegenüber dem Vorjahr. Den gesunkenen Gesamt-zahlen im Jahr 2015 steht somit eine steigende Qualität der erfassten Straftaten gegenüber." [3]

Aktuelle Phänomene des Cybercrime nach dem Bericht Cybercrime Bundeslagebild, 2015 [1]

- „Digitale Erpressung unter Einsatz von Ransomware
- Bereitstellung von Software und Dienstleistungen zur Begehung von Straftaten (Cybercrime as a Service)
- Digitale Schwarzmärkte – Underground Economy
- Diebstahl digitaler Identitäten und Identitätsmissbrauch
- Phishing im Onlinebanking
- Massenhafte Fernsteuerung von Computern (Botnetze)
- Angriffe auf die Verfügbarkeit von Webseiten, Internetdiensten und Netzwerken (DDoS-Angriffe)
- Angriffe auf mobile Endgeräte – diese sind ein zunehmend beliebtes Angriffsziel
- Schadprogramme (Malware im Allgemeinen)."

> ▶  **Abnahme der Fallzahlen durch Änderung der Erfassungsmodalitäten** Der Rückgang der Fallzahlen und die Steigerung der Aufklärungsquote für 2015 sind beeinflusst durch die 2014 eingeführte Umstellung der Erfassungsmodalitäten. **Alle** Fälle, die nicht aufgeklärt sind, werden in der Polizeilichen Kriminalstatistik (PKS) als Auslandstaten erfasst. Auslandstaten tauchen jedoch (noch) nicht in der Statistik auf. Somit kann davon ausgegangen werden, dass es eine Zu-nahme der Straftaten gegeben hat, die aber in der PKS nicht ersichtlich sind, da bei nicht ermitteltem Täter der Fall aus der PKS herausfällt.
> Die Zahlen der PKS des Jahres 2014 zum Phänomen Cybercrime bilden insofern keine Bezugsgröße und keinen Vergleichsmaßstab für die zurück-liegenden Jahre. Auf der Grundlage der für das Jahr 2014 ausgewiesenen Zahlen darf **nicht** auf eine rückläufige Bedrohung durch Cyberstraftaten geschlossen werden. Um zukünftig auch die vom Ausland aus begangenen Cybercrimedelikte – bzw. solche mit unbekanntem Tatort und schädigender Auswirkung auf Deutsch-land – zu erheben und in die Lagedarstellung aufzunehmen, ist eine gesonderte statistische Erfassung dieser Straftaten geplant [4].

Im Deliktfeld Cybercrime zeigt sich auch ein deutlicher Trend in Richtung organisierte Kriminalität (OK). Dem Cybercrime Bundeslagebericht ist zu entnehmen, dass die OK-Gruppierungen sich jährlich nahezu verdoppelt haben (2013 wurden 6 erfasst, 2014 waren es 12 und 2015 bereits 22 Gruppierungen) [5]. Dies deutet auf eine Cybercrime-Industrie hin, die nicht mehr aus Einzeltätern besteht, sondern sich vielmehr durch professionelle, firmenähnliche Strukturen auszeichnet.

## 4.1 Täter und Motivation

▶ Die Tätergruppen teilen sich auf in:

- Einzeltäter
- Banden und gewerbsmäßige Strukturen
- Organisierte Kriminalität
- Staaten

Das Täterprofil hat sich in den letzten Jahren stark verändert. Heute ist nicht nur vom klassischen Einzeltäter auszugehen, sondern die Delikte werden oft auch von internationalen Banden und gewerbsmäßig organisierten Tätergruppen begangen. Wie erwähnt arbeiten diese Täterstrukturen oftmals arbeitsteilig, ohne klassische hierarchische Strukturen und Organisationsformen. Sie kennen sich teilweise nicht persönlich, sondern nutzen auch in der Kooperation die Anonymität des Internets. Die Täterseite reagiert flexibel und schnell auf neue technische Entwicklungen und passt ihr Verhalten dementsprechend an. Es gibt im Internet diverse Anbieter, die Teilkomponenten zu einem Angriff kommerziell vermarkten, welche von den Tätern hinzugekauft werden.

Auch die organisierte Kriminalität hat erkannt, dass das Internet ein idealer Tatort für ihre kriminellen Aktivitäten ist. Daher ist auch davon auszugehen, dass es eine Entwicklung in der Professionalisierung geben wird. Anhand von polizeilichen Auswertungen werden heute bereits mafiaähnliche und hierarchisch organisierte Strukturen beobachtet. Die Gewaltbereitschaft und die Methoden der Informationsbeschaffung werden im Vergleich zu heute für die Unternehmen erheblichere Auswirkungen auf deren gesamte Sicherheitsarchitektur haben.

Die Tätergruppen handeln hauptsächlich aus den folgenden Motiven heraus:

Unter **finanziellen Motiven** fallen alle Straftaten, die einen direkten finanziellen Vorteil für den Angreifer erbringen sollen, z. B. der Diebstahl von Kreditkartennummern und Identitäten, das Verändern und Manipulieren von Daten und Informationen oder DDoS-Angriffe auf Webseiten, um Geld zu erpressen.

Unter **wirtschaftlichen Motiven** sind alle Straftaten zu verstehen, die zur Erlangung eines Wettbewerbsvorteils (Industriespionage) oder eines staatlichen Branchenvorteils (Wirtschaftsspionage) durch Ausspionieren oder Sabotieren führen. Das Ausspionieren von technischen Infrastrukturen (eingesetzte Software, Versionsstände, Sicherheitssysteme etc.) zur Vorbereitung anderer Straftaten wie Cybercrime, Hacktivismus und Cybersabotage ist ebenfalls stark angestiegen. Dabei sind geopolitische Rahmenbedingungen zu beobachten.

Mit **politischen Motiven** entsteht ein neuer Trend, der heute vermehrt zu beobachten ist. Es handelt sich dabei um staatsschutzrelevante Straftaten, bei denen es um die Manipulation oder Zerstörung von Informationen geht, um politische Entscheidungen zu beeinflussen. Beispiele dafür sind Meinungsmanipulationen, die durch Web-Defacements durchgeführt werden. Diese müssen aber nicht immer verwerflich sein, was die jüngsten Beispiele von Anonymous gegen die Webseiten des Islamischen Staates (IS) gezeigt haben.

**Protestmotive** sind zumeist digitale Medienkampagnen in Sozialen Medien, gezielte Falschinformation und Manipulation von Informationen und Webseiten zur Verunglimpfung und Schädigung eines Unternehmens oder einer Person.

Jedes Unternehmen sollte eine Analyse der Bedrohungslage hinsichtlich der potenziellen Tätergruppen und insbesondere der Tatmotive durchführen. Nur so kann sichergestellt werden, dass geeignete Maßnahmen zur Prävention ergriffen und Investitionen und organisatorische Maßnahmen zielgerichtet eingesetzt werden.

## 4.2    Täterorganisationsstrukturen

Wie oben dargestellt gibt es heute zwei unterschiedliche Tätermodelle: Den einsamen Hacker (Einzeltäter), der alleine in seiner Garage seine kriminellen Geschäfte durchführt, und diejenigen, die wie ein unternehmerisches Geschäftsmodell organisiert sind (Banden, Organisierte Kriminalität und Staaten). Wie der IT-Sicherheitsdienstleister Fortinet (2013) [6] in seinem Bericht darstellt, muss man davon ausgehen, dass es heute neben den Einzeltätern eine komplexe, hoch organisierte Hierarchie mit einer Art Geschäftsführung, Ingenieuren, Fußvolk („infantry") und angeheuerten Geldkurieren („money mules") gibt. Laut Fortinet 2013 unterscheidet sich von außen betrachtet die Organisation arbeitsteiligen Hackens kaum von anderen Geschäftsmodellen, in denen Mitarbeitern spezifische, ausgewiesene Funktionen zugeschrieben sind und der Auftrag insbesondere lautet, Geld zu verdienen [6].

In vielen Fällen aus jüngerer Zeit zeigten sich geschäftsmäßige Arbeitsstrukturen mit einer außergewöhnlichen Logistik. Die Organisationen bestehen typischerweise aus kleinen Gruppen zuverlässiger Mitglieder mit unterschiedlichen Fertigkeiten, die einer möglichst effizienten Zusammenarbeit dienen. Eingebunden sind ferner auch externe Auftragnehmer, die wichtige Teilaufgaben wie z. B. die Programmierung, die technische Wartung, Geldtransporte oder ähnliches übernehmen. Diese Form der Arbeitsteilung erlaubt es den unterschiedlichen Rollenträgern, in ihrem jeweiligen Bereich Reputation zu erwerben und feste wie einträgliche Kundenbeziehungen aufzubauen, ohne selber direkt ein kriminelles Unternehmen gründen zu müssen [6].

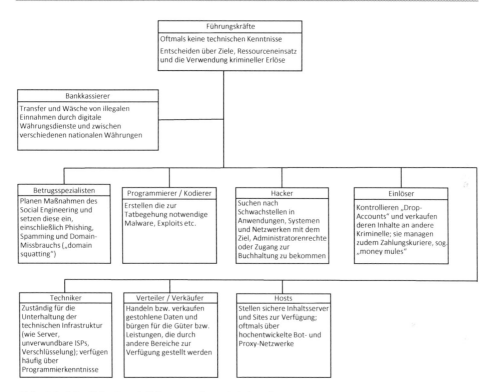

**Abb. 4.1** Mögliche Spezialisierungen bzw. Arbeitsteilungen der Cyberkriminellen

Dazu wurden zehn mögliche Spezialisierungen bzw. Arbeitsteilungen festgestellt, die sich in typischen Cybercrimedelikten wiederfinden. Diese sind in Abb. 4.1 dargestellt.

> Die in Abb. 4.1 aufgeführten Spezialisierungen sind lediglich beispielhaft und können wie in jedem anderen Geschäftsmodell variieren.

Wie im Cybercrime Bundeslagebericht 2015 dargestellt, sind in den Deliktfeldern Computersabotage, Datenveränderung und Computerbetrug die Dunkelziffern sehr hoch:

- Eine große Anzahl der Straftaten kommt aufgrund immer weiter verbreiteter technischer Sicherungseinrichtungen über das Versuchsstadium nicht hinaus und wird von den Geschädigten gar nicht bemerkt.
- Bei der Cyberspionage möchte der Täter unbemerkt bleiben und wird daher nicht vom angegriffenen Unternehmen bemerkt, da die technischen Mechanismen und Sicherheitslösungen diese Angriffe nicht erkennen und diese Methoden bei den Strafverfolgungsbehörden und -diensten nicht bekannt sind.
- Straftaten werden durch Geschädigte nicht angezeigt, insbesondere, wenn noch kein finanzieller Schaden entstanden ist (z. B. bloßer Virenfund auf dem PC).

- Geschädigte, insbesondere Firmen, zeigen erkannte Straftaten oft nicht an, um beispielsweise im Kundenkreis die Reputation als „sicherer und zuverlässiger Partner" nicht zu verlieren.
- Oftmals erstatten Geschädigte beispielsweise in Erpressungsfällen nur dann Anzeige, wenn trotz Zahlung eines Lösegeldes keine Entschlüsselung der von Täterseite verschlüsselten Daten erfolgt [1].

## 4.3   Mittel und Methoden der Bekämpfung

Zur Verfolgung und Bekämpfung von Cyberkriminalität gibt es einerseits die Polizeien und andererseits Allianzen und neuartige Kooperationsmodelle etwa in Form von Public-private-Partnerships.

**Polizeien:** Die deutschen Polizeien, wie auch die Polizeien vieler anderer Staaten, haben in den letzten Jahren die Fähigkeiten und die personellen Ressourcen zur Bekämpfung der Computerkriminalität im Bund und in den Ländern ausgebaut, um den steigenden Deliktzahlen im Bereich der Internetkriminalität gerecht zu werden. In Deutschland wurde neben den polizeifachlichen Anforderungen insbesondere die notwendige technische Kompetenz aufgebaut, um die zum Teil sehr komplexen Mechanismen und Methoden der Straftäter zu verstehen. Dazu wurden in allen Landeskriminalämtern sowie im Bundeskriminalamt Zentrale Ansprechstellen Cybercrime (ZAC) etabliert. Diese stehen den Opfern von Cybercrime als Ansprechpartner und schnelle polizeiliche Hilfe zur Verfügung. Die ZACs sind speziell für Unternehmen, Behörden, Forschungseinrichtungen und sonstige Institutionen eingerichtet worden.

Jedes international tätige Unternehmen sollte sich im Vorfeld darüber informieren, wie die Zuständigkeiten und Kontaktschnittstellen in den jeweiligen Ländern organisiert sind und wie Straftaten zur Anzeige gebracht werden können.

**Industriekooperationen (Public-private-Partnership):** Die Aufgaben der ZACs reichen von der zentralen Anzeigenaufnahme über die Vermittlung von Fachexperten vonseiten der Strafverfolgungsbehörden bis hin zu Industriekooperationen. Die Industriekooperationen sorgen in Fällen mit einer sehr hohen technischen Komplexität dafür, dass die benötigten Fachkompetenzen aus der IT-Industrie hinzugezogen werden können. Polizeien können nicht jedes System im Detail kennen, daher ist es manchmal notwendig, die Systemhersteller in die technische Bearbeitung der Kriminalfälle einzubinden. So wird es möglich, dass die Bearbeitung von Cyberangriffen schnell vonstattengeht. Im Rahmen solcher Public-private-Partnerships konnten schon in vielen Ländern gemeinsam Fälle gelöst werden, die sonst nicht ohne Weiteres ermittelbar gewesen wären. Der Informationsaustausch zu den technischen Vorgehensweisen ist ein wesentlicher Bestandteil. Nur so kann verstanden werden, welche Maßnahmen zu ergreifen sind, um einen Cyberangriff zu vermeiden bzw. die Auswirkungen so gering wie möglich zu halten.

**Allianzen:** Das Bundesamt für Sicherheit in der Informationstechnik (BSI) und der Bundesverband der IT-Industrie (Bitkom) haben zum Austausch über technische Angriffe und Lösungsansätze die Allianz für Cybersicherheit gegründet. Dort sind zurzeit mehr als 1800 Teilnehmer registriert, die ein gemeinsames Interesse an der Vermeidung von Cyberstraftaten haben. Anbieter, Anwender, Forschungseinrichtungen und Behörden können Mitglied werden.

> Die Polizeien leisten keine technische Unterstützung und geben keine Produktempfehlungen ab, die über das eigentliche polizeiliche Ermittlungsverfahren hinausgehen. Privatpersonen, die Opfer von Cyberstraftaten geworden sind, sollen sich an die Onlinewachen oder Dienststellen der jeweiligen Polizei wenden, um dort ihre Cybervorfälle zur Anzeige zu bringen.

Die polizeilichen Organisationsstrukturen für Cybercrime sind in den jeweiligen Ländern unterschiedlich weit entwickelt. Im Folgenden wird anhand der deutschen Struktur aufgezeigt, welche Kontaktmöglichkeiten bei Cyberstraftaten bestehen.

In der nachfolgenden Tabelle sind die zentralen Ansprechstellen Cybercrime (ZAC) der Länder und des Bundes aufgelistet. Unternehmen, die Opfer von Cyberstraftaten geworden sind, oder einen Verdacht auf Cyberstraftaten haben, können sich rund um die Uhr an ihre zuständige ZAC wenden.

**Kontaktdaten der Zentralen Ansprechstellen Cybercrime der Länder und des Bundes**

| Land/Bund | Telefonnummer | E-Mail-Adressen |
| --- | --- | --- |
| Bundeskriminalamt | 0611/55-15684 | SO41-NKC@bka.bund.de |
| Baden-Württemberg | 0711/5401-2444 | cybercrime@polizei.bwl.de |
| Bayern | 089/1212-3300 | zac@polizei.bayern.de |
| Berlin | 030/4664-924924 | zac@polizei.berlin.de |
| Brandenburg | 03334/388-8600 | cybercrime.fdlka@polizei.brandenburg.de |
| Bremen | 0421/362-19820 | k53@polizei.bremen.de |
| Hessen | 0611/83-3377 | zac.hlka@polizei.hessen.de |
| Hamburg | 040/4286-75401 | zac@polizei.hamburg.de |
| Mecklenburg-Vorpommern | 03866/64-4517 | cybercrime.lka@polmv.de |
| Niedersachsen | 0511/26262-3804 | zac@lka.polizei.niedersachsen.de |
| Nordrhein-Westfalen | 0211/939-4040 | cybercrime.lka@polizei.nrw.de |
| Rheinland-Pfalz | 06131/65-2565 | lka.cybercrime@polizei.rlp.de |
| Saarland | 0681/962-2448 | cybercrime@polizei.slpol.de |
| Sachsen | 0351/855-3461 | zac.lka@polizei.sachsen.de |
| Sachsen-Anhalt | 0391/250-2244 | ermittlungen.4c@polizei.sachsen-anhalt.de |
| Schleswig-Holstein | 0431/160-4545 | cybercrime@polizei.landsh.de |
| Thüringen | 0361/314-1425 | cybercrime.lka@polizei.thueringen.de |

Stand: September 2016 [7] und [8].

## Literatur

1. Bundeslagebild Cybercrime, 2015, Bundeskriminalamt
2. Die PKS für die Bundesrepublik Deutschland wird vom Bundeskriminalamt auf der Grundlage der von 16 Landeskriminalämtern gelieferten Landesdaten erstellt. https://www.bka.de/DE/AktuelleInformationen/StatistikenLagebilder/PolizeilicheKriminalstatistik/PKS2015/pks2015_node.html
3. Bundeslagebild Cybercrime 2015, Bundeskriminalamt, S. 3
4. Wichtige Hinweise zur PKS 2015, BKA Wiesbaden
5. Täter im Bereich Cybercrime, Stand: 04.12.2015, Bundeskriminalamt
6. Fortinet 2013
7. Kontaktdaten der Zentralen Ansprechstellen Cybercrime der Länder und des Bundes
8. https://www.bka.de/Polizei/DE/Einrichtungen/ZAC/zacEreichbarkeiten.pdf?__blob=publicationFile&v=2

# Schadenspotenzial und Kosten

**5**

**Zusammenfassung**

Cyberangriffe verursachen nicht nur einen direkten Schaden, sondern generieren auch Kosten, die oft schwer zu bemessen sind. Jedes Unternehmen muss analysieren, welche Eigenschäden (z. B. Betriebsbeeinträchtigungen und -unterbrechungen, Vorfallbearbeitung, Krisenmanagement, Wiederherstellungskosten, Vertragsstrafen und Bußgelder, Reputationskosten etc.) und welche potenziellen Fremdschäden (aus der Abhängigkeit von Kunden und Lieferanten) entstehen können. Durch die Vorfallsbehebung fallen weitere Präventionskosten an, die man ansetzen muss, damit der stattgefundene Cybervorfall sich nicht wiederholen kann und das betroffene Unternehmen besser auf Cyberangriffe vorbereitet ist. Mehr als die Hälfte der deutschen Unternehmen sind bereits Opfer eines Cyberangriffs geworden, durch die ein Schaden in Höhe von 51 Milliarden Euro entstanden ist. Nur knapp die Hälfte der Unternehmen verfügt aber über ein Notfallmanagement und bei mehr als der Hälfte der Unternehmen besteht keine Sicherheitskultur (in Form von Schulungen und Awareness). Der Eigenschutz, der in der Regel in den gängigen Betriebssystemen integriert ist, reicht in vielen Fällen nicht aus. Diese ständig steigende Bedrohungslage, die Professionalisierung der Täter und die technisch ausgereiften Angriffe haben zur Folge, dass man dieser Herausforderung nur mit einem ganzheitlichen Cybersicherheitsansatz entgegentreten kann.

Wegen der hohen Dunkelziffer ist es schwer vorherzusagen, wie hoch das Schadenspotenzial und die Kosten wirklich sind. Die Hochrechnungen und die polizeilichen Fallzahlen lassen die Dimension zwar erahnen, jedoch sind exakte Werte schwer zu erheben. Jedes Unternehmen muss sich bewusst sein, dass ein Cyberangriff nicht nur einen direkten Schaden verursacht, sondern auch Kosten generiert, die oft schwer zu bemessen sind. Des Weiteren muss jedes Unternehmen analysieren, welche Eigenschäden (z. B. Betriebsbeeinträchtigungen

© Springer Fachmedien Wiesbaden GmbH 2017                                                          31
M. Bartsch, S. Frey, *Cyberstrategien für Unternehmen und Behörden*,
DOI 10.1007/978-3-658-16139-2_5

und -unterbrechungen, Vorfallbearbeitung, Krisenmanagement, Wiederherstellungskosten, Vertragsstrafen und Bußgelder, Reputationskosten etc.) und welche potenziellen Fremd-schäden (aus der Abhängigkeit von Kunden und Lieferanten) entstehen können. Durch die Vorfallsbehebung fallen weitere Präventionskosten an, die man ansetzen muss, damit der stattgefundene Cybervorfall nicht noch einmal passieren kann und das Unternehmen besser auf Cyberangriffe vorbereitet ist.

Der Bitkom hat im Jahr 2015 eine Unternehmensbefragung zum Thema Wirtschafts-schutz durchgeführt, um eine repräsentative Zahlenbasis zum Schadenspotenzial und zu den anfallenden Kosten zu generieren und um aufzuzeigen, welche Dimension die Cyberbedro-hungen bis jetzt erreicht haben. Ein Ende der Steigerungsraten auf der Schadenseite ist noch nicht absehbar. Cybercrime ist für die Täter ein Wachstumsmarkt. In der Bitkom-Studie „Spionage, Sabotage und Datendiebstahl – Wirtschaftsschutz im digitalen Zeitalter" [1] wurden 1074 Unternehmen zum Thema befragt und repräsentativ ausgewertet [2].

Der Bitkom-Studie ist zu entnehmen, dass bereits mehr als die Hälfte der deutschen Unternehmen Opfer eines Cyberangriffs geworden sind, wobei ein Schaden in Höhe von 51 Milliarden Euro entstanden ist. Nur knapp die Hälfte der Unternehmen verfügt aber über ein Notfallmanagement, und bei mehr als der Hälfte der Unternehmen besteht keine Sicherheitskultur (in Form von Schulungen und Awareness). Bei diesen Zahlen ist es nicht verwunderlich, dass Cybercrime in jeglicher Ausprägung ein lohnendes Geschäft darstellt.

**Zusammenfassend hat die Studie folgende Ergebnisse gebracht [1]**

1. **51 Prozent** der Unternehmen in Deutschland waren in den letzten zwei Jahren von Wirtschaftsspionage, Sabotage und Datendiebstahl betroffen. Für die deutsche Wirt-schaft (nach konservativen Berechnungen) bedeutete dies ein Schaden von ungefähr 51 Milliarden Euro pro Jahr. Das entspricht 1,75 Prozent des jährlichen Bruttoinlandspro-dukts (BIP). Erstaunlich ist auch, dass bei diesen Berechnungen über 50 Prozent der Unternehmen nicht über ein Notfallmanagement verfügen. Ein Notfallmanagement würde helfen die Schäden einzugrenzen, im Schadensfall möglichst schnell den Betrieb wieder aufnehmen zu können oder unter Umständen in der Lage zu sein, erst gar nicht den Betrieb unterbrechen zu müssen. Zudem wendet sich nur jedes fünfte betroffene Unternehmen an die staatlich zuständigen Stellen wendet. Und dies im Zeitalter der Vernetzung und Zusammenarbeit. Eine gemeinsame Anstrengung von Wirtschaft, Poli-tik sowie Sicherheits- und Strafverfolgungsbehörden ist heute mehr als je notwendig.
2. **75 Prozent** von den befragten Unternehmen gaben an, regelmäßig von Angriffen auf ihre IT-Systeme betroffen zu sein. Alle haben als Reaktion darauf technische Sicherheitsmaß-nahmen ergriffen. Dazu gehören Virenscanner, Firewalls und regelmäßige Updates. Durch die zunehmende Komplexität der Systeme, reichen diese Sicherheitsmaßnahmen nicht mehr aus und es besteht ein Bedarf an zusätzlichen Schutzmaßnahmen. Verschlüs-selungstechniken, insbesondere für sensible Daten, aber auch neue Technologien im Bereich Intrusion Detection und Intrusion Prevention (Netzwerkverkehrsanomalien- und Logfile-Auswertung) sowie Data Leakage Prevention wären hier gute Beispiele. Viele

Unternehmen sind noch nicht so weit und investieren aus finanziellen (berechtigt und unberechtigt) Gründen nicht entsprechend in ihre Systemsicherheit. Hier ist ein Umdenken dringend notwendig und es sollte vermittelt werden, dass sich Sicherheit sich von Betriebskosten zu Qualitätskosten wandeln sollte.

3. **87 Prozent** der befragten Unternehmen sorgen sich um ihre IT-Sicherheit. Dazu gehören unter anderem Regelungen, wer im internen Netzwerk auf welche Daten zugreifen darf und wer Zutritt zu sensiblen Bereichen eines Unternehmens bekommt.

4. **49 Prozent** (bisher nur knapp die Hälfte) der Unternehmen in Deutschland verfügen über ein Notfallmanagement. Dieses gewährleistet eine schnelle Reaktion im Krisenfall. Eine Möglichkeit, den Aspekt der Sicherheit innerhalb der Organisation zu erhöhen, sind Sicherheitszertifizierungen. Sie zwingen das Unternehmen, sich mit dem Thema intensiv auseinanderzusetzen. In der Praxis sind sie ein geeignetes Mittel, um höhere Sicherheitsstandards im gesamten Unternehmen zu etablieren.

5. **52 Prozent** der von Cybercrime betroffenen Unternehmen gaben an, dass die Mitarbeiter das schwächste Glied in der Kette darstellten. „Es wurde des Weiteren angegeben, dass die Motive nicht immer böswilliger Natur sind, sondern auch Unwissen und mangelnde Awareness". So ist Social Engineering, also das Manipulieren von Mitarbeitern, mit 19 Prozent eines der häufigsten Tatmuster.

6. **52 Prozent** (knapp mehr als die Hälfte) der Befragten führen Schulungen der Mitarbeiter oder Sicherheitsüberprüfungen von Bewerbern durch. Eine angemessene Sicherheitskultur umfasst darüber hinaus die richtige Verwendung von Zugangsdaten, den korrekten Umgang mit externen Datenträgern oder beispielsweise Verhaltensregeln auf Dienst- und Privatreisen.

Kritische Infrastrukturen, Unternehmen und Industrie:

Die Studie hat gezeigt, dass kritische Infrastrukturen, Industrien und mittelständische Unternehmen besonders lukrative Angriffsziele darstellen. Mit 61 Prozent – sind mittelständische Unternehmen, zwischen 100 und 499 Mitarbeitern, am meisten betroffen. Gefolgt von großen Unternehmen ab 500 Mitarbeitern bei 54 Prozent und kleiner Betriebe mit bis zu 99 Mitarbeitern bei 47 Prozent.

Dies hat unterschiedliche Gründe, somit sind zum Beispiel innovative Produkte, die Marktführerschaft im jeweiligen Segment und der Grad der Internationalisierung von starker Bedeutung. Eine weitere Bedrohung entsteht dadurch, dass viele kleinere und mittlere Unternehmen oft als Zulieferer in die Lieferketten von Großkonzernen verankert sind. Leider verfügen diese Unternehmen häufig nicht über die gleichen Mittel wie große Organisationen zur Abwehr entsprechender Angriffe.

Eine wichtige Erkenntnis dieser Studie war auch, dass die Betreiber von kritischen Infrastrukturen (KRITIS) nicht häufiger als andere von Cyberangriffen betroffen sind. Ein Unterschied liegt darin, dass es sich bei Angriffen auf Betreiber kritischer Infrastrukturen oftmals um eine andere Täterschaft handelt. Auch wurde ersichtlich, dass Handlungen aus dem Ausland nicht größer sind als in Deutschland. Hinter Deutschland reihen sich Japan, Osteuropa, USA und Russland ein. Auch hier zeigt sich wieder die Schwierigkeit der

Attribution, fast ein Viertel konnte keine Angaben zum Ursprung der Angriffe machen. KRITIS-Sektoren isoliert betrachtet, zeigen auch auf, dass die Täter deutlich häufiger aus Russland, den USA, Westeuropa und China agieren. Bei anderen Branchen hingegen liegen Japan und Osteuropa vorne.

Betroffene Unternehmen differenziert nach Branchen [1]. Die am stärksten gefährdeten Wirtschaftszweige sind:

| | |
|---|---|
| Automobilindustrie | 68 Prozent |
| Chemie- und Pharma-Branche | 66 Prozent |
| Finanz- und Versicherungswesen | 60 Prozent |
| Gesundheitswesen und die Medien | 58 Prozent |
| IT- und Telekommunikationsindustrie | 52 Prozent |
| Energie- und Wasserversorger (als besonders kritisch eingestuft) | 45 Prozent |
| Maschinen- und Anlagenbau sowie die Ernährungsindustrie | 44 Prozent |

Ein Basisschutz reicht oft nicht aus, da Cyberangriffe alltäglich geworden sind und jeder betroffen sein kann. Etwa 45 Prozent aller Unternehmen werden regelmäßig angegriffen, auf das Jahr gerechnet bedeutet dies mindestens einmal pro Monat. Der Großteil der Angriffe wird von der allgemeinen Sicherheitstechnik wie Firewalls oder Virenscanner abgewehrt. Auf der anderen Seite bleiben viele Angriffe unentdeckt. Manche Schadsoftware ist so raffiniert programmiert, dass sie von normalen Sicherheitsmechanismen nicht erkannt werden kann. Der Eigenschutz, der in der Regel in den gängigen Betriebssystemen integriert ist, reicht in vielen Fällen nicht aus. Diese ständig steigende Bedrohungslage, die Professionalisierung der Täter und die technisch ausgereiften Angriffe haben zur Folge, dass man dieser Herausforderung nur mit einem ganzheitlichen Cybersicherheitsansatz entgegentreten kann.

## Literatur

1. Spionage, Sabotage und Datendiebstahl – Wirtschaftsschutz im digitalen Zeitalter, Studienbericht, Bitkom e. V., Berlin 2015
2. Michael Bartsch ist Leiter Arbeitskreis öffentliche Sicherheit und war an diversen Bitkom Studien in der Vergangenheit beteiligt.

# Komplexität der IT-Systeme

6

**Zusammenfassung**

Die Grundstrukturen unserer heutigen Vernetzung und Datenverarbeitung sind zu einem Zeitpunkt entstanden, an dem funktionale Anforderungen im Vordergrund standen. Diese Strukturen und Protokolle aus den 1970er- und 1980er-Jahren bilden heute immer noch die Basis des Internets und sind damit auch die Basis für die Mehrheit der IT-Systeme und diese sind daher per Definition nicht sicher. Damit entstand auch eine Sicherheitsdiskussion, wie diese unsicheren Strukturen und Systeme geschützt werden können. Diese Strukturen können nicht gesichert, sondern bestenfalls nur geschützt werden. Cybersicherheit ist ein integraler Bestandteil für die Sicherheit von IT-Systemen und dass unsichere Systeme nicht durch Sicherheitsprodukte gesichert werden können, da Sicherheitsprodukte nur einen Schutz vor allgemeinen, aber nicht vor spezifischen Sicherheitslücken bieten können. Dieser Umstand führt dazu, dass vermeintlich gut gesicherte Infrastrukturen trotzdem erfolgreich angegriffen werden. Aufgrund der Gesamtkomplexität und der Neuartigkeit des Themenfeldes Cybersicherheit können viele Systeme noch nicht so geschützt werden wie sie sollten. Daher haben sich in den letzten Jahren Täter darauf fokussiert, diesen Umstand als Grundlage für digitale Straftaten zu nutzen.

➤ Kleines Problem, große Wirkung.

Bei der technischen Dimension geht es darum aufzuzeigen, wie das Problem der Internet-(Un-)Sicherheit entstanden ist. Die Grundstrukturen unserer heutigen Vernetzung und Datenverarbeitung sind zu einem Zeitpunkt entstanden, an dem funktionale Anforderungen im Vordergrund standen. Diese Strukturen und Protokolle aus den 1970er- und 1980er-Jahren bilden heute immer noch die Basis des Internets und sind damit auch die Basis für interne IT-Systeme. Erst durch das Aufkommen von Computerstraftaten wurde

© Springer Fachmedien Wiesbaden GmbH 2017                                            35
M. Bartsch, S. Frey, *Cyberstrategien für Unternehmen und Behörden*,
DOI 10.1007/978-3-658-16139-2_6

festgestellt, wie unsicher diese Architekturen und Strukturen sind. Damit entstand auch eine Sicherheitsdiskussion, wie diese unsicheren Strukturen und Systeme geschützt werden können. An dieser Stelle ist es wichtig festzuhalten, dass man diese Strukturen nicht sichern, sondern bestenfalls nur schützen kann. Wichtig zu verstehen ist, dass Cybersicherheit ein integraler Bestandteil für die Sicherheit von IT-Systemen ist und dass unsichere Systeme nicht durch Sicherheitsprodukte gesichert werden können, da Sicherheitsprodukte nur einen Schutz vor allgemeinen, aber nicht vor spezifischen Sicherheitslücken bieten können. Dieser Umstand führt dazu, dass vermeintlich gut gesicherte Infrastrukturen trotzdem erfolgreich angegriffen werden.

Nichtsdestotrotz steigt der Bedarf an Sicherheit stetig, den entsprechenden Schutz zu bieten wird aber zunehmend erschwert, da schon vor vielen Jahren die technologische Souveränität in vielen Ländern durch Innovations- und Kostendruck aufgegeben werden musste.

Diese Souveränität wurde aufgegeben, da der globale Markt für IT-Produkte sich rasant entwickelte und Länder mit großen Binnenmärkten schneller und effektiver neue nationale Technologien entwickeln und diese somit im Weltmarkt kostengünstiger anbieten konnten. So konnten die USA globale Marktführer wie Cisco, Microsoft, Google und Apple hervorbringen; europäische Hersteller konnten im globalen Wettbewerb nicht mehr mithalten.

Auch China und Südkorea haben in den letzten Jahren durch strategische politische Programme und einen riesigen Binnenmarkt Firmen wie Huawei, ZTE und Samsung hervorbringen können, die den Amerikanern in den angestammten Märkten Paroli bieten. Dadurch entsteht eine geopolitische Technologieabhängigkeit zwischen den staatlich regulierten Technologieanbietern und den internationalen Kundenstrukturen. Dies führt dazu, dass speziell europäische Länder und Firmen nicht mehr selbst bewerten können, welche gewollten oder ungewollten Sicherheitslücken in diesen Produkten vorhanden sind. Diese Sicherheitslücken werden allgemein als *Backdoor* bezeichnet, da sie eine Hintertür zur Administration der Produkte darstellen und von den jeweiligen Staaten ausgenutzt werden können.

Unsicherheit hat sich zu einer Industrie entwickelt, die solange floriert, wie damit Geld verdient werden kann. Verkauf und Ankauf von Exploits, das Finden von Systemlücken, staatliche Backdoors und die Manipulation von Entwicklungsumgebungen sind dabei ein Kerngeschäftsfeld. Die Crypto-Wars-Initiativen einiger Länder, also die staatlich vorgeschriebene Verpflichtung, Unsicherheits-Mechanismen in Produkte einzubauen werden die Produktsicherheit nicht fördern, sondern die gewollte Sicherheit, wie starke Kryptografie, mit Backdoors für Strafverfolgungsbehörden ausstatten. Dieses Vorgehen wird den Markt weiter beeinflussen und die Sicherheit für Unternehmen, Behörden und Privatpersonen nachhaltig schwächen. Das Auffinden und Vermarkten von Exploits sowie das Entwickeln von digitaler Überwachungs- und Spionagesoftware ist in den letzten Jahren ein boomender Geschäftszweig der ITK-Industrie geworden. Gerade kleinere und zumeist totalitäre Staaten wollen diese Technologien kaufen und einsetzen; dabei kann nicht unterschieden werden, in welchem Kontext und gegen wen. Viele Staaten haben durch die Aufgabe der technologischen Souveränität nur noch marginale Fähigkeiten, nationale Systemhersteller der IT-Sicherheitsbranche zu fordern und zu fördern. Diese Fähigkeitserhaltung von Schlüsseltechnologien ist entscheidend für eine weitgehende sicherheitstechnische Unabhängigkeit von dominierenden Staaten und deren Technologien.

Auf staatlicher Ebene gibt es häufig Prüfbehörden (wie z. B. das BSI in Deutschland oder das AIVD in den Niederlanden, etc.), die in aufwendigen Verfahren die Sicherheit der zu prüfenden Produkte untersuchen und bei erwiesener Sicherheit den Einsatz in Hochsicherheitsumgebungen empfehlen oder zulassen (Prüf- und Zulassungsverfahren). Die globalen Produkthersteller und Marktführer unterziehen sich diesen Prüfverfahren nur sehr selten, da es sich kommerziell nicht lohnt, nationale Sicherheitsanforderungen umzusetzen, da die Entwicklungskosten zu hoch im Vergleich zum erzielbaren Markterfolg sind. Deshalb sind meistens nationale Anbieter in ihrer jeweiligen Produktnische bevorzugte Partner der Prüfbehörden und der jeweiligen Kundengruppen. Dadurch wird sichergestellt, dass langfristig wichtige und zum Teil kritische Infrastrukturen entsprechend geschützt werden können. Nicht alle Länder in Europa unterhalten entsprechende Prüfbehörden und nachgelagerte spezialisierte Prüfstellen für die Durchführung dieser Sicherheitsprüfungen. Dadurch entsteht für die Länder ohne Prüfstellen eine noch höhere Abhängigkeit von ungeprüften, respektive unprüfbaren Produkten.

Sichere Produkte alleine garantieren aber noch kein hohes Sicherheitsniveau. Daher wurden Regularien und Gesetze erlassen, die die Verwaltung der Sicherheit und den Einsatz sicherer Produkte optimieren sollen. Insbesondere die europäische Netzwerk- und Informationssicherheits-Direktive (NIS-Direktive) und das Deutsche IT-Sicherheitsgesetz (IT-SiG) regeln die IT-Sicherheit auf prozessualer, organisatorischer und technischer Ebene bis hin zur verpflichtenden Meldung von IT-Sicherheitsvorfällen bei den zuständigen Behörden. Somit soll ein allumfassender Sicherheitsansatz den Schutz von Cyberangriffen erhöhen und die Auswirkungen minimieren.

Aufgrund der Gesamtkomplexität und der Neuartigkeit des Themenfeldes Cybersicherheit können viele Systeme noch nicht so geschützt werden wie sie sollten. Daher haben sich in den letzten Jahren Täter darauf fokussiert, diesen Umstand als Grundlage für digitale Straftaten zu nutzen.

**Beispiel aus der Praxis**

**Zertifizierungen für Hersteller:** Erfahrungsgemäß spielen Sicherheitsaspekte bei der Entwicklung neuer Produkte eine zunächst untergeordnete Rolle. Selbst bei Produkten, die ein hohes Sicherheitsniveau nach außen darstellen, ist die tatsächlich implementierte Sicherheit häufig nicht auf einem akzeptablen Niveau.

Eine Prüfung bzw. Zertifizierung eines Produkts kann Vertrauen in die Sicherheitsfunktionen schaffen. Die Erfahrung zeigt, dass in den seltensten Fällen ein Produkthersteller ohne Impuls von außen eine externe Überprüfung der Sicherheitsfunktionen anstrebt. Entweder ist bereits durch bekannt gewordene Schwachstellen ein Vertrauensverlust in das Produkt bzw. die Produktklasse vorhanden, oder der Hersteller sieht konkrete Anforderungen bei Kunden, die er erfüllen muss, um sein Produkt weiterhin erfolgreich vermarkten zu können. Der Mehrwert für den Hersteller ist also so gut wie immer ein verbesserter oder erst möglich gewordener Business Case.

Die Anforderungen können dabei sehr unterschiedlich sein. Manchmal werden Anforderungen an die Organisation selbst gestellt. Dies ist insbesondere der Fall, wenn der Produkthersteller auch den Betrieb der Produkte übernimmt. Häufiger jedoch werden Anforderungen an die Sicherheitseigenschaften des Produktes selbst gestellt. Im Folgenden werden die Möglichkeiten für Produkthersteller aufgezeigt.

**Zertifizierung des IT Produkts:** Ist das Produkt im Fokus gibt es – zumindest in Deutschland – verschiedene Möglichkeiten eines Nachweises:

*Penetrationstest:* Bei einem Penetrationstest wird die Angreiferperspektive simuliert. Im Regelfall werden Penetrationstests als Time-Boxed-Tests durchgeführt. Der Angreifer erhält für den Test und die Dokumentation der Ergebnisse einen vorab vereinbarten Zeitrahmen. Ebenso werden der Angriffsweg und die Vorkenntnis des Angreifers definiert. Man unterscheidet zwischen Black-Box- und White-Box-Prüfungen. Üblicherweise liegt die Wahrheit in Form eines Gray-Box-Tests dazwischen. Als einfaches Beispiel sei ein Router genannt. Hier kann zum Beispiel die Weboberfläche aus Sicht des Administrators geprüft werden. Speziellere Prüfungen wären zum Beispiel die Sicherheit der Remote Konfiguration des Routers durch den Diensteanbieter. Man kann in Summe also ein stark unterschiedliches Ergebnis erhalten. Dies liegt zum einen an der nahezu vollständig freien Definition der durchzuführenden Prüfungen, als auch an der spezifischen Expertise des jeweiligen Penetrationstesters.

Sofern man als Hersteller am Anfang externer Prüfungen steht, ist ein Penetrationstest durch einen nachweislich qualifizierten Anbieter eine gute, weil vergleichsweise kostengünstige Einstiegsmöglichkeit. Im Regelfall nimmt man insbesondere bei der Erstprüfung eine hohe Lernkurve an.

Zertifizierung nach Common Criteria: Die Common Criteria ist der internationale Prüfstandard für die Ermittlung von Vertrauenswürdigkeit von IT-Produkten. Dieser Standard ist als ISO 15408 normiert. Ausgestellte Produkt-Zertifikate werden europa- und weltweit akzeptiert. Die Common Criteria sind der klassische Standard zur Produkt-Zertifizierung. Das BSI (Bundesamt für Sicherheit in der Informationstechnik) führt Zertifizierungen nach Common Criteria in Deutschland durch. Die eigentliche Prüfung, die Evaluierung, erfolgt durch eine akkreditierte Prüfstelle.

Das zu prüfende Produkt oder ein Ausschnitt wird innerhalb einer Evaluierung Target of Evaluation (kurz TOE) oder auch Evaluierungsgegenstand genannt. Die individuellen Prüfgrundlagen, welche für das spezifische Produkt vom Hersteller definiert werden, werden als Security Target (ST) oder Sicherheitsvorgaben bezeichnet. Innerhalb der Sicherheitsvorgaben werden die umzusetzenden Sicherheitsfunktionen oder kurz SFRs (Security Functional Requirements) definiert. Diese werden im Rahmen der Zertifizierung auf die korrekte Umsetzung abgeprüft.

Der Gesamtumfang der Evaluierung wird über die Vertrauenswürdigkeitsstufe oder Evaluation Assurance Level (EAL-Stufe) von 1 bis 7 definiert, je Stufe werden unterschiedliche Vertrauenswürdigkeitsklassen oder Assurance Classes definiert, über die Details ergibt sich die Prüftiefe.

Es gilt die Faustregel: Je höher die EAL-Stufe ist, desto mehr und detailliertere Nachweise werden innerhalb der Evaluierung verlangt. Tiefere Nachweise bedeuten einerseits einen höheren Detaillierungsgrad oder auch zusätzliche Informationen wie

Bereitstellung des Quellcodes oder auch formale Definitionen. Als Hersteller muss man bei höheren Evaluierungsstufen beachten, dass eine intensivere Unterstützung benötigt wird, was sich direkt auf die benötigten internen Personalressourcen auswirkt.

Aufgrund der einheitlich spezifizierten Voraussetzungen und der Prüfung der Evaluationsqualität in den jeweiligen Prüfstellen durch das unabhängige Bundesamt ist die Aussagekraft der Zertifizierung sehr hoch. Allerdings ist auch der Aufwand beim Hersteller sehr hoch.

Produkt-Testat: Da eine CC-Zertifizierung kostenintensiv ist und ein reiner Penetrationstest oft nicht die notwendige Prüftiefe entwickeln kann, haben sich viele Anbieter von Sicherheitsprüfungen dazu entschieden, eigene Produktzertifizierungen bzw. -Testate aufzulegen. Zu einer validen Zertifizierung gehören im Regelfall ein von unabhängigen Experten erstelltes Prüfregelwerk und eine unabhängige Zertifizierungsstelle. Sofern ein Anbieter selbst die Kriterien erstellt, die Prüfungen durchführt, und die Ergebnisse in Form einer Zertifizierung oder eines Testats ausstellt, ist die Aussagekraft systemimmanent geringer da nicht unabhängig. Im Regelfall werden im Rahmen von Produkttests nach einem proprietären Anbieterstandard auch Penetrationstests durchgeführt. Darüber hinaus erfolgen meist Reviews von Architekturen, Dokumenten oder auch Quelltext.

Im Ergebnis erhält der Hersteller im Vergleich zu Penetrationstests eine noch tiefere Einschätzung des Sicherheitsniveaus seines Produkts und darüber hinaus natürlich eine deutlich besser vermarktbare Prüfplakette.

Zulassung für Verschlusssachen Kommunikation: In Deutschland existiert ein vom BSI definierter Prozess zur Zulassung von Produkten für Verschlusssachen (VS). Dieser Prozess nutzt zu Teilen die Common Criteria-Methodik. Ein Hersteller kann hier keinen Antrag beim BSI stellen, er benötigt einen sogenannten Bedarfsträger. Das ist eine Behörde, die vom Produkt überzeugt ist und eine Anforderung zum Einsatz des Produkts für VS-Daten beim BSI stellt.

**Zertifizierung des Informationssicherheitsmanagementsystems:** Insbesondere bei Herstellern, die auch den Betrieb der ausgerollten Produkte übernehmen und damit sensible Daten der Kunden auf ihren Systemen verarbeiten, wird häufig – gegebenenfalls zusätzlich zu einer Produktzertifizierung – eine Zertifizierung des Informationssicherheitsmanagementsystems gefordert.

Im deutschsprachigen Raum haben sich zwei Standards durchgesetzt. Zum einen der vom BSI herausgegebene *ISO 27001* auf der Basis von IT Grundschutz. Entgegen der aus dem Namen ableitbaren Vermutung, dass der Standard kompatibel zur ISO 27001 „nativ" ist, handelt es sich um einen eigenen Standard.

Weltweit betrachtet hat sich sicherlich die ISO 27001 als primärer Standard durchgesetzt. In der Praxis zeigt sich, dass vor allem Behörden und Dienstleister für Behörden auf den Grundschutz setzen. In der Industrie ist der Einsatz von Grundschutz im Vergleich zu ISO 27001 nativ nachrangig.

Die ISO 27001 ist deutlich schlanker und flexibler in der Anwendung. Grundschutz macht im Vergleich spezifischere Vorgaben. Diese Vorgaben sind natürlich auch eine Hilfestellung bei der Umsetzung allgemeiner Vorgaben. Daher nutzen viele Anwender der ISO 27001 die Informationen aus den BSI Grundschutzkatalogen als Best Practice-Vorgaben.

In beiden Fällen ist für die Erreichung einer Zertifizierung immer ein klares Bekenntnis des Managements zur Informationssicherheit notwendig.

Die Zertifizierung nach Grundschutz wird durch einen zertifizierten Grundschutz-Auditor durchgeführt und durch das BSI überwacht. Das BSI stellt auch das Zertifikat aus. ISO 27001-Zertifizierungen werden durch einen ISO 27001-Auditor durchgeführt. Dieser muss für eine Anerkennung des Zertifikats bei einer Deutsche Akreditierungsstelle (DAkkS) -akkreditierten Zertifizierungsstelle gelistet sein. Diese stellt dann auch das Zertifikat aus.

Fazit: Je nach Bedarf und Produkttyp gibt es sehr viele unterschiedliche Möglichkeiten, die Sicherheit in Produkten oder der Prozesse des Herstellers nachzuweisen. Die Aussagekraft der Einzelnachweise divergiert stark. Dieses ist sowohl bei der Erstellung von Vorgaben als auch bei der Prüfung der eigenen Produkte in jedem Fall zu beachten.

**Tobias Glemser**, Geschäftsführer Secuvera GmbH, Gäufelden.

# Von der globalen zur individuellen Bedrohungslage

**Zusammenfassung**

Die Bedeutung der globalen Bedrohungslage ist für das einzelne Unternehmen wichtig, denn wer der Gegner ist, hängt davon ab, wer man selbst ist. Das bedeutet, welche Art der Bedrohungslage für ein Unternehmen zutreffend ist, hängt unter anderem davon ab, was der Unternehmensgegenstand ist, welche Marktposition ein Unternehmen hat und aufgrund welcher Innovation Wettbewerbsvorteile entstehen. Das Verständnis und die Unterscheidung zwischen Massenphänomenen (DDoS) und Einzelphänomenen (Advanced Persistent Threat) und wie ein Unternehmen getroffen werden kann und welche Auswirkungen entstehen können, sind unternehmensspezifisch und müssen beachtet werden. Jedes Unternehmen sollte sich diesbezüglich Kernfragen, die in diesem Kapitel beschrieben sind, stellen, um die Cyber-Gefährdungslage des Unternehmens besser zu verstehen und damit die Cybersicherheit erhöhen zu können.

## 7.1 Wer der Gegner ist, hängt davon ab, wer man selbst ist!

Die globalen Cyberbedrohungen, die Tätermotive, Täter und Täterstrukturen müssen individuell für jedes einzelne Unternehmen ermittelt werden. Dabei stellt sich die Frage, was die globale Bedrohungslage konkret für das einzelne Unternehmen bedeutet. Welche Art der Bedrohungslage für ein Unternehmen zutreffend ist, hängt unter anderem davon ab, was der Unternehmensgegenstand ist, welche Marktposition ein Unternehmen hat und aufgrund welcher Innovation ein Wettbewerbsvorteil entsteht. Ein Unternehmen muss sein Umfeld kennen, um abschätzen zu können, wie stark es gefährdet ist, Opfer von Cyberangriffen zu werden. Die IT-Infrastruktur spielt ebenfalls eine wichtige Rolle, da diese immer das Ziel aller Angriffsarten ist. Jedes Unternehmen sollte hier eine Basishygiene umsetzen, damit die einfachsten Angriffsarten nicht durchgeführt werden können.

© Springer Fachmedien Wiesbaden GmbH 2017
M. Bartsch, S. Frey, *Cyberstrategien für Unternehmen und Behörden*,
DOI 10.1007/978-3-658-16139-2_7

Cybersicherheit bedeutet, die Kosten eines Angriffs so zu erhöhen, dass die Angreifer entweder sehr komplexe und damit teure Angriffe entwickeln müssen oder dass sie Gefahr laufen, frühzeitig entdeckt zu werden.

Wichtig ist dabei der proaktive Umgang mit Cyberbedrohungen, der bedingt, dass im Vorfeld das Unternehmensumfeld analysiert wird. Wenn dies konsequent durchgeführt wird, können die Eintrittswahrscheinlichkeit und die Auswirkungen der jeweiligen Cyberangriffsarten deutlich verringert werden. Im Wesentlichen muss unterschieden werden zwischen Massenphänomenen und Angriffen, die speziell auf ein Unternehmen zugeschnitten sind. Beide müssen berücksichtigt werden, da sie unterschiedliche Maßnahmen erfordern, die jedoch zum Teil Überschneidungen aufweisen.

Massenphänomene sind z. B. DDoS-Attacken und der ungezielte Einsatz von Ransomware. Diese können jeden treffen, Behörden wie Unternehmen, und dabei weitreichende Auswirkungen auf das operative Geschäft haben. Ein Beispiel dafür sind die diversen Verschlüsselungs-Trojaner der letzten beiden Jahre, die primär als Erpressungstrojaner für Privatnutzer konzipiert wurden. Bei den Massenphänomenen gibt es im allgemeinen Täter, die anonym aber proaktiv mit dem Opfer kommunizieren, da eine finanzielle Forderung im Zentrum steht. Wie der Name schon sagt, trifft es eine breite Masse von Anwendern, und es gibt viele Opfer, die von der gleichen Straftat betroffen sind. Strafverfolgungsbehörden befassen sich in zentralen Ermittlungskommissionen mit Massenphänomenen, um alle relevanten Informationen über technische Hinweise und geschädigte Unternehmen auszuwerten und kriminaltechnisch zu bearbeiten. Insbesondere die Virenschutzindustrie kann dann gezielt Gegenmaßnahmen entwickeln, wie Bereinigungsmechanismen oder einen effektiven Infektionsschutz. Viele Unternehmen beschäftigen sich im Rahmen der IT-Sicherheit mit den Massenphänomenen. Diese Problemfelder können und sollten vonseiten der IT-Abteilungen mit Standardmaßnahmen hinterlegt werden.

Bei den Einzelphänomenen handelt es sich um gezielte, auf das Unternehmen zugeschnittene Angriffsvektoren. Diese gezielten Angriffe sind als Advanced Persistent Threats (APT) oder Targeted Attacks bekannt. Beide Bezeichnungen beschreiben sehr gut das Ziel der Angreifer, nämlich mit fortschrittlichen Mitteln einen dauerhaften, gezielten Angriff durchzuführen – für den es meistens kein technisches Gegenmittel gibt. Hier entsteht der Druck auf das Management, da das eigentliche Ziel das Unternehmen ist und die Unsicherheit der IT-Infrastrukturen durch Dritte ausgenutzt wird.

Im Vorfeld des eigentlichen Angriffes werden dazu alle nützlichen Informationen über das Unternehmen beschafft. Dazu zählen Geschäftszahlen, Presseberichte, Informationen über technische Infrastrukturen und die Analyse der Mitarbeiter auf mögliche Schwachstellen. Aufgrund dieser Information werden dann Angriffe entwickelt, die speziell auf die Infrastruktur des anzugreifenden Unternehmens zugeschnitten sind. Ziele sind meist Spionage oder getarnte Zugänge zum Unternehmen, um spätere Aktionen wie eine Sabotage zu ermöglichen. Die Täter sind meist nicht feststellbar (nicht attribuierbar), da sie ungestört und heimlich so viele Daten wie möglich abfließen lassen. Oft werden gezielte Angriffe spät oder gar nicht bemerkt und es ist nicht mehr ermittelbar, was genau das Ziel war und wie groß der Schaden ist (d. h. welche und wie viele Daten zu welchem Zweck wohin abgeflossen sind).

Sollte ein Spionagefall bemerkt werden, muss bei der Spurensicherung und Analyse des Vorgangs sowie bei der Täterfeststellung sehr vorsichtig vorgegangen werden, damit die Täter solange wie möglich davon ausgehen, immer noch unbemerkt zu sein. Sobald sie merken, dass sie entdeckt wurden, wird der Angriff abgebrochen und es besteht keine Möglichkeit mehr, den Tatvorgang aktiv zu analysieren und die Täter festzustellen. Es bleibt dann nur noch eine postforensische Analyse, in der versucht wird, den Tathergang zu rekonstruieren und durch geeignete Maßnahmen eine Wiederholung zu vermeiden. Durch eine präventive Analyse des Umfelds und Unternehmensgegenstandes können die Ziele der Täter besser vorhergesehen und proaktive Vermeidungsstrategien entwickelt werden.

Jedes Unternehmen sollte daher wissen, wie sein cyberrelevantes Unternehmensumfeld strukturiert ist und was die wichtigsten Unternehmenswerte, die sogenannten Kronjuwelen, sind. Dabei spielen die geostrategische Analyse des Unternehmens, der Wettbewerbsraum, die Markt-, Produkt- und Dienstleistungsstrategie sowie die Kunden-, Lieferanten- und Partnerstruktur eine entscheidende Rolle. Daraus ergibt sich ein Bild, das Aufschluss über die Cyber Gefährdungslage des Unternehmens gibt.

**10 Fragen, die sich ein Unternehmen stellen sollte**

1. In welchem geopolitischen Raum (Regionen/Länder) ist das Unternehmen tätig und welche globalen Abhängigkeiten gibt es für Ihr Unternehmen?
2. Wer sind die Kunden?
3. Sind die Kunden Betreiber kritischer Infrastrukturen oder von volkswirtschaftlicher Relevanz?
4. Was sind die Produkte und Dienstleistungen?
5. Wie sicherheitsrelevant sind Ihr Unternehmen, Ihre Produkte und Dienstleistungen?
6. Was ist die Wettbewerbsposition und wer könnte ein besonderes Interesse an Ihrem Unternehmen haben?
7. Betreibt Ihr Unternehmen eigene Forschung und Entwicklung?
8. Wo sind Ihre relevanten Standorte für Forschung, Entwicklung und Produktion?
9. Ist Ihr Unternehmen mit den internationalen Auflagen, Regulierungen und Gesetzen vertraut und werden sie angewendet?
10. Wie sicher schätzen Sie die technische und organisatorische Sicherheitsarchitektur Ihres Unternehmens/Ihrer Behörde in Bezug auf die vorherigen Fragen ein?

Die Antworten auf diese Fragen werden aufzeigen, welche Tatmotive für ein Unternehmen zutreffend sind und welche potenziellen Tätergruppen (finanziell oder politisch motivierte Cyberkriminelle, organisierte Kriminalität, Wettbewerber oder Staaten) einen Angriff durchführen könnten. Die Wahrscheinlichkeit, Opfer von Cyberspionage oder Cybersabotage zu werden, hängt nicht selten von der globalen Sicherheitslage ab und steigt mit den internationalen Standorten eines Unternehmens.

**Fiktives Beispiel für eine sich ändernde globale Sicherheitslage**

Ein europäisches Unternehmen mit Produktionsstandorten in der Ukraine betreibt ein globales Datennetz, an das alle wichtigen Unternehmensstandorte angeschlossen sind. Aufgrund der Krim-Krise zwischen Russland und der Ukraine betreiben viele Länder nachrichtendienstliche Aufklärung in den ukrainischen Telekommunikationsnetzen. Daten und Informationen können auf diesem Weg abfließen und in falsche Hände geraten.

So unter anderem auch in dem Netzwerk des europäischen Unternehmens. Dessen globale Präsenz trägt ebenfalls dazu bei, dass unterschiedliche politische Splittergruppen die Länderpräsenzen des Unternehmens im Internet manipulieren, um so auf soziale Missstände hinzuweisen.

Je nachdem, welche politische Seite das Unternehmen unterstützt, können auch weitere Cyberangriffe auf das Unternehmen durchgeführt werden.

Die nachfolgenden Beispiele zeigen, dass Spionage und Sabotage sich entlang der technologischen Entwicklungen professionalisiert haben. Die Ziele und Tatmotive sind jedoch dieselben geblieben, die technologische Komplexität hat sich deutlich erhöht. Anhand von Beispiel 4 erkennt man, dass jeder technologische Wandel neue Angriffsmethoden mit sich bringt.

**Fallbeispiele**

1. **Der Cyberspionageangriff auf den Schweizer Rüstungskonzern RUAG im Jahr 2016**: Bei diesem Spionageangriff sind durch einen technisch bereits bekannten Trojaner zahlreiche Daten abgeflossen. Das Ziel war die RUAG, wobei jedoch unklar ist, was die Absicht der Täter war. Dies ist ein typisches Merkmal eines Spionageangriffs. Der Täter möchte solange wie möglich unbemerkt bleiben. Dadurch ist das Ausmaß des Schadens oft nicht feststellbar.
2. **Cyberspionageangriff auf den Deutschen Bundestag im Jahr 2015**: Bei diesem Angriff wurden mehrere Systeme mit dem Ziel, Daten abfließen zu lassen infiziert. Es gab in den vergangenen Jahren mehrere solcher Angriffe mit dem gleichen Muster auf deutsche Rüstungsunternehmen und andere NATO-Staaten. Welche Daten Ziel solcher Angriffe sind, bleibt meist unklar.
3. **Cyberangriff auf den Raumfahrtkonzern EADS und den Technologiekonzern ThyssenKrupp im Jahr 2013**: Bei diesem Angriff war das Ziel der USA-Teil von ThyssenKrupp. Man geht davon aus, dass der chinesische Staat oder auch die chinesische Industrie hinter dem Angriff standen, um dadurch einen ökonomischen und militärischen Vorteil zu erzielen. Dieses Beispiel zeigt, wie wichtig es ist, dass ein Unternehmen seine geostrategische Lage, seine Produkte und seine Kunden einstuft.
4. **Spionageangriff von Alstom auf den Konkurrenten Siemens 1993**: Dies ist ein klassisches Beispiel, das an dieser Stelle erwähnt werden muss, auch wenn es schon mehrere Jahre zurückliegt. Der französische TGV-Hersteller Alstom verschaffte

sich im Hinblick auf die Lieferung von Hochgeschwindigkeitszügen nach Südkorea einen Wettbewerbsvorteil gegenüber dem deutschen Konkurrenten Siemens (ICE). Siemens verlor den Auftrag, da Alstom das deutsche Angebot durch das Abfangen von Fax-Kopien kannte und es somit knapp unterbieten konnte. Dieser entgangene Auftrag hätte für Siemens einen Wert von ca. 4 Milliarden D-Mark gehabt.

# Teil II

# B: Lösungsansätze und Maßnahmenentwicklung

Die Weisheiten von Sun Tsu übertragen auf die Cyber-Welt

| Sun Tsu „Die Kunst des Krieges" | Frey, Bartsch „Cyberstrategien für Behörden und Unternehmen" |
| --- | --- |
| Stell dich dem Kampf! | Entwickle eine Cyberstrategie und setze sie um! |
| Führe andere in den Kampf! | Nutze erfahrene Berater! |
| Handle umsichtig! | Treffe keine voreiligen technischen Entscheidungen! |
| Halte dich an die Tatsachen! | Akzeptiere Cyber als Problem! |
| Sei auf das Schlimmste vorbereitet! | Entwickle ein Incident- und ein Krisenmanagement! |
| Handle rasch und unkompliziert! | Fang mit kleinen Schritten an! |
| Brich die Brücken hinter dir ab! | Erneuere Deine Systeme, damit Du sie schützen kannst! |
| Sei innovativ! | Sei innovativ! |
| Sei kooperativ! | Sei kooperativ und teile deine Erfahrungen mit anderen! |
| Lass dir nicht in die Karten sehen! | Schütze deine Kronjuwelen! |

Nachdem in der Sektion A die allgemeine und individuelle Bedrohungslage, Tätermotivation und -strukturen, Schadenspotenzial und Kosten eines Cyberangriffs, sowie die technische Komplexität beschrieben wurden, geht es nun um die jeweiligen Lösungsansätze und die Maßnahmenentwicklung zur Erhöhung der Cybersicherheit. Wie schon erwähnt wurde, ist Cybersicherheit der IT-Sicherheit nicht gleichzustellen. Bei der Cybersicherheit geht es um einen allumfassenden und risikobasierten Ansatz, was wiederum heißt, dass auch die Sicherheitsmaßnahmen diesem Ansatz folgen müssen. Der erste wichtige Schritt ist die Entwicklung einer Cyberstrategie mit bedarfsgerechten Maßnahmen und Lösungsansätzen, gefolgt von einem Umsetzungsplan zur Reduzierung der Cyberrisiken und Stärkung der Cybersicherheit.

In dieser Sektion werden generische Schritte für die Entwicklung einer Cyberstrategie aufgezeigt und mögliche Maßnahmen vorgestellt.

# Cybersicherheit: ein allumfassender und risikobasierter Lösungsansatz

**Zusammenfassung**

Cybersicherheit ist nicht nur IT-Sicherheit, da Cyberrisiken Teil des Gesamtrisikos eines Unternehmens sind und nicht ein isoliertes Problem der IT. Ein reiner IT-Ansatz ist daher nicht zielführend, da die Cyberproblematik über den IT-Ansatz hinausgeht und zusätzlich personelle, physische und organisatorische Aspekte berücksichtigen muss. Es sollte ein allumfassender und risikobasierter Ansatz gewählt werden und für alle erwähnten Teilaspekte die Risiken ermittelt und darauf abgestimmt die geeigneten Sicherheitsmaßnahmen entwickelt werden. Beispiele von organisatorischen, personellen, physischen und technischen Risiken und Maßnahmen sind in diesem Kapitel beschrieben.

▶ Cybersicherheit ist nicht nur IT-Sicherheit, da Cyberrisiken Teil des Gesamtrisikos eines Unternehmens sind und nicht ein isoliertes Problem der IT.

Viele Unternehmen auf der Anbieter- als auch auf der Anwenderseite stellen die Cybersicherheit immer noch der IT-Sicherheit gleich. Durch die zunehmende Digitalisierung und Vernetzung der Systeme und Netzwerke ist jedoch festzustellen, dass ein reiner IT-Ansatz nicht zielführend ist und die Cyberproblematik über den IT-Ansatz hinausgeht und zusätzlich personelle, physische und organisatorische Aspekte berücksichtigen muss. Siehe bereits getroffenen IT-Sicherheitsmaßnahmen sind als Grundlage der Basishygiene zu betrachten, da sie zumeist generisch sind und für die meisten technischen Maßnahmen zutreffen. Die Bewertung der Basishygiene und die bisherigen Aktivitäten werden in den Gesamtkontext integriert und dienen zur Definition der Startpunkte der Maßnahmen. Es sollte bewertet werden, welche bisherigen Maßnahmen und Aktivitäten die Risiken nachhaltig minimieren und welche Anpassungen und Korrekturen vorgenommen werden sollten. Es geht eher darum, die Risikobetrachtung auf Prozessebene zu beschreiben, als auf Basis der darunterliegenden IT-Systeme. Siehe Abb. 8.1 und 8.2.

© Springer Fachmedien Wiesbaden GmbH 2017

M. Bartsch, S. Frey, *Cyberstrategien für Unternehmen und Behörden*,

DOI 10.1007/978-3-658-16139-2_8

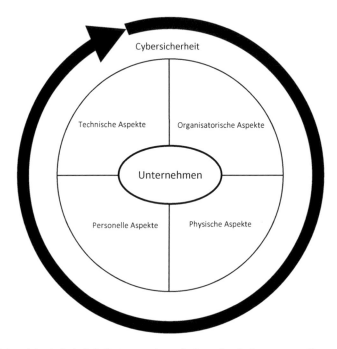

**Abb. 8.1** Cybersicherheit beinhaltet organisatorische, physische, personelle und technische Aspekte

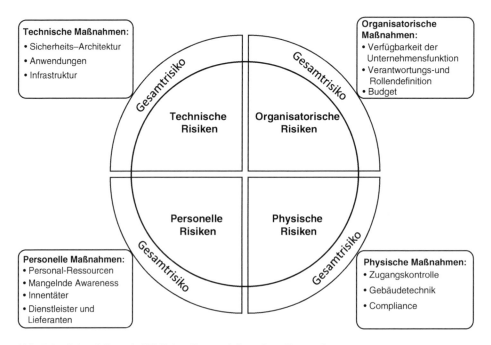

**Abb. 8.2** Cyberrisiken sind Teil des Gesamtrisikos eines Unternehmens

Es sollte ein allumfassender und risikobasierter Ansatz gewählt werden und für alle erwähnten Aspekte die Risiken ermittelt und darauf abgestimmt die geeigneten Sicherheitsmaßnahmen entwickelt werden. Siehe Abb. 8.2. Da die Informationstechnologie eine Querschnittsfunktion über alle Unternehmensbereiche darstellt, muss darauf geachtet werden, die Sicherheitsmaßnahmen integral über alle Teilaspekte abzubilden, damit keine Silostrukturen entstehen.

## 8.1 Mögliche Teilrisiken und Sicherheitsmaßnahmen

In dieser Sektion werden die wichtigsten Risiken für die jeweiligen Teilrisiken (IT-Risiken, personelle, physische und organisatorische Risiken) als Beispiele dargestellt, diese sind generisch und dienen Unternehmen als Anhaltspunkt für die Entwicklung eigener, unternehmensspezifischer Risikotabellen. Bei den physischen, organisatorischen und personellen Risiken sind die Organisationen selbst in der Lage, geeignete Sicherheitsmaßnahmen zu definieren, die zur Minimierung der Risiken führen und die Sicherheit erhöhen. Im technischen Bereich sind die Unternehmen und Organisationen abhängig von den Herstellern und Systemlieferanten und daher darauf angewiesen, dass die Hersteller entsprechend sichere und vertrauenswürdige Systeme liefern. So kann man auch bei den besten Sicherheitsmaßnahmen im IT-Bereich keine 100 %ige Sicherheit erlangen. Beispiele für die vier Teilrisiken werden in den untenstehenden Tabellen aufgeführt.

**Organisatorischen Risiken** siehe Tab. 8.1: entstehen durch mangelndes Verständnis der Cyberbedrohungslage und durch eine fehlende Organisation, die diese Bedrohungslage einschätzt und entsprechende Maßnahmen definiert.

**Tab. 8.1** Organisatorische Risiken und Sicherheitsmaßnahmen (branchen- und unternehmensspezifisch)

| Risiken | Sicherheitsmaßnahmen | Verantwortung |
|---|---|---|
| Mangelnde Awareness | Awareness- und Trainingsprogramm für alle Mitarbeiter und Führungskräfte | Personalabteilung |
| Innentäter | Steigerung der Mitarbeiterzufriedenheit in allen relevanten Bereichen und Regelung des Zugangs zu Systemen und Informationen | |
| Sicherheitskultur | Regelung des Umgangs mit Daten und Informationen wie Nutzung von USB-Sticks, Drucken/Kopieren | |
| Dienstleister und Lieferanten | Bewerten der Cyberrelevanz der Anbieter und abschließen von Service Level Agreements, die auch bei Cybervorfällen Hilfe gewährleisten | Einkaufsabteilung |

**Tab. 8.2** Personelle Risiken und Sicherheitsmaßnahmen

| Risiken | Sicherheitsmaßnahmen | Verantwortung |
|---|---|---|
| Ausfall von wichtigen Mitarbeitern | Verteilung von unternehmenswichtigem Wissen auf mehrere Mitarbeiter, single point of knowledge vermeiden | Vorgesetzte |
| Doloses Handeln | Vermeidung von Datendiebstahl und -verkauf, Betrug etc. | |
| Auffälliges Verhalten von Mitarbeitern wie zu lange oder unregelmäßige Abwesenheiten | Awareness der Führungsverantwortlichen für auffälliges und relevantes Verhalten, Mitarbeiterzufriedenheit sowie regelmäßige Mitarbeitergespräche | |

**Tab. 8.3** Physische Risiken und Sicherheitsmaßnahmen

| Risiken | Sicherheitsmaßnahmen | Verantwortung |
|---|---|---|
| Zugangskontrolle | Nicht nur Zugang, sondern auch Personenüberprüfung zur Fragestellung: Wer kommt wann, warum und wie in die jeweiligen Arbeitsbereiche? | (Konzern-) Sicherheit (non-IT) |
| Gebäudetechnik | Definition von Sicherheitsbereichen und Kontrolle von externen Zugängen zum Gebäudemanagement | |
| Compliance | Umsetzung spezieller Sektorauflagen, die auch unter Cyberaspekten gewährleistet werden müssen, wie z. B. Störfallverordnung in Deutschland und der Schweiz oder Industrieunfallverordnung in Österreich etc. | |

**Personelle Risiken** siehe Tab. 8.2 sind sehr häufig auf ein mangelhaftes Führungsverhalten (Vorbildfunktion) zurückzuführen. Ohne eine etablierte Sicherheitskultur wird es sehr schwierig, die personellen Risiken in ihrer Summe zu reduzieren.

**Physische Risiken** siehe Tab. 8.3 werden sehr häufig unterbewertet, da die eingesetzten Maßnahmen als ausreichend eingeschätzt und nicht regelmäßig an neue Risiken und Bedrohungen angepasst werden. Dies ist speziell der Fall bei neuen und ausgeklügelten Social-Engineering-Methoden, um Zugangskontrollen zu umgehen und Zugang zu relevanten Sicherheitsbereichen zu erlangen.

Die technischen Risiken basieren auf der langjährigen Evolution der IT-Systeme, die im Laufe der Zeit an Vernetzung und Komplexität zugenommen haben, weshalb es nahezu unmöglich ist, die Sicherheit der Systeme zu prüfen. Hinzu kommt, dass die meist internationalen Anbieter von Standardlösungen Systemkomplexe liefern, die das einzelne Unternehmen nur noch aus Anwendersicht betrachten kann und bei denen es unmöglich ist, einen sicherheitstechnischen Überblick zu erlangen. Dies hat zur Folge, dass technische Sicherheitsmaßnahmen nicht immer zur Erhöhung der Sicherheit führen und erfolgreiche Cyberangriffe daher auch bei gut geschützten Systemen stattfinden. Angreifer nutzen diesen Umstand bei der Entwicklung von Angriffen aus. Tab. 8.4 gibt jedoch einen Überblick, worauf Unternehmen sich fokussieren können.

**Tab. 8.4**  Technische Risiken und Sicherheitsmaßnahmen

| Risiken | Sicherheitsmaßnahmen | Verantwortung |
|---|---|---|
| Infrastruktur | Absichern der technischen Systeme gegen bekannte und unbekannte Angriffsvektoren | CIO/CISO |
| Anwendungen | | |
| Sicherheitsarchitektur | Ausrichtung der Sicherheitsarchitektur auf unternehmenskritische Teilsysteme | |
| Personalressourcen | Investitionen in Aus- und Weiterbildung und Erhöhung der Mitarbeiterzufriedenheit zur Vermeidung von Innentätern in der IT-Abteilung | |

Es ist wichtig, sich auf diejenigen Teilrisiken zu konzentrieren, die das Gesamtrisiko nachhaltig reduzieren. Unternehmen konzentrieren sich häufig auf Lösungen zur Reduktion von Einzelrisiken aus den genannten Teilaspekten, die das Gesamtrisiko nicht zwingend reduzieren. Diese Logik muss in die Cybersicherheit einfließen. Es gibt keine einheitliche Lösung, sondern Cybersicherheit muss individuell entwickelt werden. Der wichtigste Schritt zur nachhaltigen Erhöhung der Cybersicherheit ist die Entwicklung einer Cyberstrategie.

# Staatliche Lösungsansätze

9

**Zusammenfassung**

Viele Staaten haben die Notwendigkeit der Cybersicherheit erkannt, darauf reagiert und Cyberstrategien entwickelt. Unternehmen sind sehr häufig bei der Entwicklung von Cyberstrategien noch nicht so weit. Eine effektive Cybersicherheit kann langfristig nur etabliert werden, wenn sie auf einer umfassenden Cyberstrategie aufgebaut ist. Es entsteht ein Bedarf an übergreifender Zusammenarbeit, Kooperation sowohl auf regionaler wie auch auf globaler Ebene und an der Entwicklung eines gesamtheitlichen Ansatzes, um diesen Herausforderungen zu begegnen („Whole-of-System-Ansatz"). Auch kann die innere Sicherheit nicht mehr von der äußeren getrennt werden, sondern beide sind heute weitgehend in der Cyberwelt verschmolzen. Diese Veränderungen führen zu einem Sicherheitsgefälle, das sich über alle Ebenen und Bereiche (staatlich, wirtschaftlich und gesellschaftlich) erstreckt. In diesem Kapitel wird beschrieben, wie dieses Sicherheitsgefälle und seine Wechselwirkungen entstehen, was die zentralen Aspekte von Cyberstrategien sind sowie die Ähnlichkeiten und Unterschiede der staatlichen Cyberstrategien am Beispiel Deutschlands und der Schweiz. Auflagen und Regulatoren, wie die Netz- und Informationssicherheit Direktive (NIS-Direktive), sowie IT-Sicherheitsgesetze können kurz-, mittel- und langfristige Auswirkungen auf Unternehmen haben, die ebenfalls beschrieben werden.

Die internationale Zusammenarbeit ist heute wichtiger denn je, denn Cyberbedrohungen machen an Grenzen keinen Halt. Die Programme zur Steigerung der Cybersicherheit sind auf staatlicher Ebene in den letzten Jahren massiv ausgebaut worden. Unternehmen können von den Vorarbeiten der Staaten profitieren, in dem sie die Methoden und Erfahrungen nutzen und selbst geeignete Cyberstrategien entwickeln.

© Springer Fachmedien Wiesbaden GmbH 2017
M. Bartsch, S. Frey, *Cyberstrategien für Unternehmen und Behörden*,
DOI 10.1007/978-3-658-16139-2_9

Die Cyber-Thematik ist sehr komplex und bedingt daher, dass man alle Aspekte in Betracht ziehen muss. Aufgrund des komplexen und dynamischen Umfeldes kann eine effektive Cybersicherheit langfristig etabliert werden, wenn sie auf einer umfassenden Cyberstrategie aufgebaut ist. Die geopolitische Lage hat sich aufgrund der technologischen Durchdringung stark verändert, durch die zunehmende Globalisierung und die immer stärkere Vernetzung aller Lebens- und Arbeitsbereiche nehmen sowohl die Abhängigkeiten als auch der staatliche Regulierungsbedarf zu. Dadurch entsteht ein Bedarf an übergreifender Zusammenarbeit, internationaler Kooperation sowohl auf regionaler wie auch auf globaler Ebene und an der Entwicklung eines gesamtheitlichen Ansatzes, um diesen Herausforderungen zu begegnen („Whole-of-System-Ansatz"). Nur so kann sichergestellt werden, dass in einer vernetzten Welt ein gemeinsames globales Regelwerk für den Cyberraum gilt.

Die Sicherheit, die heute stark vernetzt ist, muss auf die neuen Risiken wie Terrorismus und Cyberrisiken ausgerichtet werden. Somit kann auch die innere Sicherheit nicht mehr von der äußeren getrennt werden, sondern beide sind heute weitgehend in der Cyberwelt verschmolzen. Diese Veränderungen führen zu einem Sicherheitsgefälle, das sich über alle Ebenen und Bereiche (staatlich, wirtschaftlich und gesellschaftlich) erstreckt. Aufgrund der Komplexität und der allgemeinen Abhängigkeiten und Vernetzung der IT-Systeme haben viele Staaten bereits erkannt, dass Cybersicherheit nicht mit einer rein technischen Lösung erzielt werden kann, sondern auch politische Implikationen hat, welche die Involvierung der politischen Entscheidungsträger erfordert. Cyberrisiken sind ein ernst zu nehmendes Problem, zumal sie das Potenzial haben, die nationale Sicherheit zu gefährden. Dies hat dazu geführt, dass die staatliche Sicherheitsvorsorge in vielen Ländern um eine Cyberstrategie ergänzt wurde. Die IT-Vernetzung hat die Grenzen zwischen Staat und Wirtschaft weitestgehend aufgehoben. Alles ist miteinander verbunden, und durch das Internet existiert nur noch eine gemeinsame Infrastruktur. Somit können der Staat, die kritischen Infrastrukturen und die Unternehmen nicht mehr technologisch klar voneinander abgegrenzt werden. Auch die zivilen und militärischen Einrichtungen können aufgrund der flächendeckenden Technologisierung nicht mehr klar voneinander getrennt werden. Die Kaskadeneffekte sind heutzutage von einer nicht mehr überschaubaren Dimension, und ein kleines Problem in einem Teilsystem kann zu einem großen Problem im Gesamtsystem führen und dadurch Auswirkungen auf die nationale Sicherheit, die Bevölkerung oder im Umweltschutz haben.

So können es sich die Unternehmen nicht mehr leisten, keine Cyberstrategie zu entwickeln, da sie ansonsten eine Sicherheitslücke in der Gesamtsicherheitsarchitektur darstellen. Somit sollten die IT-Strategie und damit die zugehörige IT-Sicherheitsstrategie der übergeordneten Cyberstrategie folgen. Cyber ist kein Teil der IT-Sicherheitsvorsorge, sondern ein übergeordnetes strategisches Ziel innerhalb der Unternehmensstrategie. Jeder Beteiligte in diesem Sicherheitsgefälle muss seine Rolle wahrnehmen und durch geeignete Maßnahmen dazu beitragen, dass die Sicherheit gewährleistet werden kann.

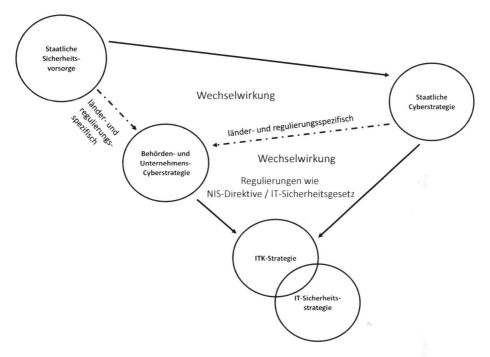

**Abb. 9.1**  Sicherheitsgefälle und die Wechselwirkungen

Das Sicherheitsgefälle siehe Abb. 9.1 stellt sich wie folgt dar:

**Sicherheitsgefälle**

1. Staatliche Vorsorgeplanung (Gesamtstaatliche Sicherheitsarchitektur)
2. Staatliche Cyberstrategie
3. Behörden- und Unternehmens-Cyberstrategie
4. Informations- und Kommunikationstechnologien (ITK)-Strategie
5. IT-Sicherheitsstrategie

1. **Staatliche Vorsorgeplanung (Sicherheit):**
   An der Spitze des Gefälles steht die staatliche Vorsorgeplanung. Wie der Präsident des Bundesamtes für Bevölkerungsschutz und Katastrophenhilfe Christoph Unger betonte: „Es ist mittlerweile überdeutlich, dass die innere und äußere Sicherheit in Deutschland zunehmend verschmelzen. Ereignisse – auch wenn sie in für uns weit entfernten, abgelegen erscheinenden Regionen ihren Ursprung haben – können auch für Deutschland und in Deutschland von besonderer Relevanz sein" [1]. Insbesondere in der Cybersicherheit trifft dies für alle Länder im besonderen Maße zu, da durch die Vernetzung und

die Abhängigkeiten ein Cyberangriff von überall aus ausgeführt werden kann. Daher
muss die staatliche Sicherheitsvorsorge heute umfassend gestaltet werden. Dies bedeutet, Nachrichtendienste, Polizei, Streitkräfte und Bevölkerungsschutz sind Teil der
gesamtstaatlichen Sicherheitsvorsorge geworden und müssen in enger Kooperation
ihre Fähigkeiten bündeln, damit ein umfassender Schutz gewährleistet werden kann.
Somit entsteht eine Wechselwirkung zwischen staatlicher Vorsorgeplanung, der zuge-
hörigen staatlichen Cyberstrategie, der Wirtschaft und der Gesellschaft.

Es entsteht hier eine länder- und regulierungsspezifische Wechselwirkung zwischen
der staatlichen Vorsorgeplanung, der staatlichen Cyberstrategie und der Behörden- und
Unternehmensstrategie. Welche Maßnahmen in der Cyberstrategie enthalten sind, ob
der Fokus der Cyberstrategie und deren Umsetzung dezentral oder zentral ist und ob
regulatorisch eingewirkt wird, ist von Land zu Land verschieden.

2. **Staatliche Cyberstrategie**:
Auch sieht man klar, dass die staatliche Cyberstrategie eine direkte Ableitung der staatlichen Vorsorgeplanung ist. Daher haben viele Länder eine umfassende Cyberstrategie
entwickelt. Umfassend bedeutet, dass alle cyberrelevanten Bereiche und Verantwortlich-
keiten in die Cyberstrategie integriert werden. Cyberrelevante Bereiche sind auf staatlicher Seite die Polizeien mit ihren neu geschaffenen Fachbereichen zur Bekämpfung von
Cyberkriminalität. Außerdem Nachrichtendienste, die national und international im
Cyberraum Informationsbeschaffung betreiben (Attribution und Spionagezuschrei-
bung), der Bildungsbereich zur Begegnung des Fachkräftemangels und die Wirtschaftsbereiche zur Förderung der Cybersicherheit zur Stärkung der Resilienz gegen Störung
der Wirtschaftstätigkeiten. Auch im Bereich der militärischen Sicherheit werden Cyber-
fähigkeiten zukünftig eine wesentliche Rolle einnehmen. Herbei wird der Selbstschutz
gegen Cyberbedrohungen im Gegensatz zu aktiven Maßnahmen eine wesentliche Herausforderung darstellen. Alle Akteure sollten der Logik eines Cyberangriffes folgen und
die Bereiche Prävention, Reaktion und Kontinuität gleichberechtigt stärken. Der
gemeinsame Aufbau staatlicher und nicht staatlicher Fähigkeiten und Kapazitäten zur
Erhöhung der Cybersicherheit ist dabei das oberste Ziel. Ein risikobasierter Ansatz, der
den Umgang mit Cyberrisiken als Teil eines integralen Geschäfts-, Produktions- oder
Verwaltungsprozesses versteht, muss alle Akteure von der administrativen und technischen bis hin zur Führungsebene einbeziehen.

3. **Behörden- und Unternehmens-Cyberstrategie**:
Als Ableitung zur staatlichen Cyberstrategie sollten Behörden und Unternehmen
ebenfalls eine Cyberstrategie entwickeln. Durch die Vernetzung und die technologisch gleichen Infrastrukturen (Produkte der globalen Marktführer) können Unternehmen, insbesondere, wenn sie zu den kritischen Infrastrukturen zählen, nicht mehr
unabhängig von übergeordneten nationalen Sicherheitszielen handeln. Nur so ist
sichergestellt, dass alle Komponenten der staatlichen Sicherheitsvorsorge nach gleichen Prinzipien und mit denselben Schutzzielen zur Erhöhung der nationalen Cybersicherheit beitragen. Die Entwicklung einer Behörden- oder Unternehmensstrategie
kann sich zum Teil an der staatlichen Cyberstrategie orientieren. Die oben genannte

Logik eines Cyberangriffes ist auch für Behörden und Unternehmen zutreffend und
kann um die jeweiligen behörden- und unternehmensspezifischen Aspekte erweitert
werden. Dies bedingt, dass jede Organisation ihre kritischen Prozesse und die
zugrunde liegenden technischen Systeme sowie ihre internen und externen Schnittstellen und die damit verbundenen Risiken und Verwundbarkeiten kennt. Diese müssen dann in der Cyberstrategie berücksichtigt und geeignete Sicherheitsmaßnahmen
definiert und umgesetzt werden. Auch hier entsteht eine Wechselwirkung zwischen
der staatlichen Strategie und der Behörden- und Unternehmensstrategie, der ITK-Strategie und der IT-Sicherheitsstrategie.

4. **ITK-Strategie**:

Die Informations- und Kommunikationstechnologien (ITK) bestimmen heutzutage die
Art und Weise, wie Behörden und Unternehmen organisiert sind, wie Arbeitsabläufe
optimiert, wie Dienstleistungen erbracht und Produkte entwickelt werden. Die Vernetzung durch ITK sowie die Digitalisierung von Unternehmensprozessen sorgt für globale Wettbewerbsfähigkeit und ein schnelles Time-to-Market neuer Produkte und
Dienstleistungen. Ohne sie würden Wirtschaftsstandorte von weiteren Entwicklungs-
möglichkeiten abgeschnitten werden. ITK sind maßgeblicher Innovationstreiber in
allen Branchen und können auch bei der Lösung globaler Herausforderungen wie Kli-
maschutz, Energieeffizienz oder Mobilität helfen. So bestimmen die ITK-Strategien
den Einsatz der ITK für die Zukunft. Nutzung der Cloud, Mobilisierung, Big Data und
Unified Communication sind alles Schlagworte, die für viele Branchen- und Unterneh-
mensgrößen wettbewerbsentscheidend sind. Funktionalität, Kosten und Sicherheit sind
die Treiber der Digitalisierung. Sie werden konsequent am Bedarf des Geschäftsmo-
dells ausgerichtet. Die ITK-Strategien beschreiben die Schwerpunkte, Aufgaben und
Projekte. Eine IT-Sicherheitsstrategie sollte sich ebenfalls am Geschäftsmodell orientieren und nicht versuchen, auf technischer Basis bestehende Produktentscheidungen
zu schützen.

5. **IT-Sicherheitsstrategie**:

IT-Sicherheitsstrategien werden zumeist auf der Basis von Regel- und Rahmenwerken
(Frameworks) entwickelt, dabei werden oft branchenspezifische Vorgaben gemacht.
In Europa werden sehr häufig die Verfahren und Methoden der ISO-27xxx-Reihe vor-
gegeben. Die wesentlichen Vorgaben zum Aufbau eines Risikomanagements, die
Organisation der Sicherheitsabteilungen und die grundsätzlichen Maßnahmen der
Vorfallsbearbeitung werden darin beschrieben. Einige Länder haben Best Practice-
Kataloge entwickelt wie das SANS Institute oder die amerikanischen Regulierungen
der NIST. Je nach Geschäftsfeld und globalem Tätigkeitsraum entscheiden sich Unter-
nehmen für das jeweils passende Rahmenwerk. Hierbei zeigt sich dann auch der
Unterschied im Aufbau der Sicherheitsorganisationen in den Unternehmen. Alles in
allem kann man sagen, dass diese Frameworks zur Basishygiene (zum Grundschutz)
der IT-Sicherheit zählen, jedoch im Fall von professionellen Cyberangriffen kaum
Schutz bieten. Denn eine Analyse der bisherigen Cyberangriffe zeigt, dass viele
Unternehmen und Behörden trotz guter Basishygiene Opfer von Cyberangriffen

geworden sind. Dieser Umstand bestätigt, dass IT-Sicherheit nicht gleich Cybersicherheit ist und dass die getroffenen Maßnahmen und technologischen Entscheidungen nicht immer zielführend zur Reduktion von Cyberrisiken sind.

Im nachfolgenden Abschnitt werden wir aufzeigen, wie die Cyberstrategien in Deutschland und der Schweiz strukturiert sind, welche Schwerpunkte, Zielgruppen und Maßnahmen entwickelt wurden, wie die Organisationsstruktur ist und welche Ähnlichkeiten und Unterschiede existieren. Dieser Ansatz ist auch wertvoll für Unternehmen, die diese Erfahrungen als Basis für ihre Cyberstrategie-Entwicklung nutzen können.

## 9.1    Staatliche Cyberstrategien

Viele Staaten haben eine nationale Cyberstrategie entwickelt und teils schon umgesetzt oder sind dabei, diese umzusetzen. Die meisten Staaten sind sich im Grundsatz einig, dass die Nutzung des Cyberraums viele Chancen, aber auch Risiken mit sich bringt und dass es gilt, diesen Cyberraum zu schützen. In mehr als 70 EU- und nicht-EU-Ländern wurden schon Cyberstrategien entwickelt.[2] Ziel der Cyberstrategie ist die Stärkung der Resilienz und eine Reduktion gegen Cyberangriffe. Dazu müssen Strukturen und Prozesse aufgebaut werden, die auf nationalen und internationalen Kooperationsmodellen aufbauen, den Informationsaustausch zwischen den Akteuren fördern und die Reaktions- und Durchhaltefähigkeit erweitern sowie gewisse regulatorische Auflagen und rechtlichen Grundlagen entwickeln. Wie diese Prozesse und Strukturen sowie Maßnahmen der Cyberstrategien aussehen können, wird anhand der Beispiele der Schweiz und Deutschland aufgezeigt. Ein weiterer Vergleich mit anderen Cyberstrategien würde den Rahmen dieses Buches sprengen. Auf der ENISA-Website können die weiteren staatlichen Cyberstrategien eingesehen werden.

➤ **Deutschland: Cybersicherheitsstrategie für Deutschland, 2016** [3]  „Die Digitalisierung in Staat, Wirtschaft und Gesellschaft hat Deutschland in nur wenigen Jahren grundlegend verändert…Die Digitalisierung eröffnet Chancen, birgt Risiken und braucht daher Vertrauen. Eine umfassende Sicherheit ist nicht erreichbar, ein Missbrauchspotenzial wird stets existieren. Aufgabe des Staates und der Wirtschaft ist es, die Grundlagen für dieses Vertrauen zu schaffen. Sicherheit ist hierbei ein wesentlicher Aspekt."

➤ **Schweiz: Nationale Strategie zum Schutz der Schweiz vor Cyber-Risiken, 2012** [4]  „Informations- und Kommunikationsinfrastrukturen haben Wirtschaft, Staat und Gesellschaft grundlegend verändert. Die Nutzung des Cyberbereichs (z. B. Internet und mobile Netze) hat viele Vorteile und Chancen gebracht. Allerdings hat die digitale Vernetzung auch dazu geführt, dass Informations- und Kommunikationsinfrastrukturen für kriminelle, nachrichtendienstliche, machtpolitische oder terroristische Zwecke missbraucht oder ihr Funktionieren beeinträchtigt werden können."

Die meisten Länder haben realisiert, dass bei der Entwicklung der Cyberstrategien ein umfassender und risikobasierender Ansatz verfolgt werden sollte und eine dazugehörige Organisationsstruktur dessen Umsetzung begleiten sollte. Bei den Organisationsstrukturen jedoch sieht man von Staat zu Staat zum Teil unterschiedliche Ansätze. Die Schweiz und Deutschland verfolgen eine dezentrale Ausrichtung der Cyberstrategie, wobei andere Europäische Länder, wie z. B. Frankreich einen eher zentralistischen und stark regulatorischen Ansatz verfolgen.

Im nächsten Abschnitt wird aufgezeigt, worin die Ähnlichkeiten und die Unterschiede der jeweiligen Cyberstrategien der Schweiz und Deutschlands liegen und welche Herausforderungen sich daraus ergeben. Unternehmen können von den Erfahrungen der Staaten in der Entwicklung ihrer Cyberstrategien profitieren, zumal die Logik eines Cyberangriffes oft gleich ist und die daraus resultierenden Maßnahmen ebenfalls gleich sind. Die unternehmensspezifischen Risiken müssen dann durch unternehmensspezifische Maßnahmen abgedeckt werden.

Cyberstrategien sollten auf einem Kooperationsmodell basieren, welches alle wesentlichen Akteure – staatliche und private –, kritische Infrastrukturen, Nutzer und Hersteller einbezieht. Auch sollte eine enge Zusammenarbeit aller relevanten Akteure und Organisationseinheiten wie die zivilen und militärischen Einheiten, nationale und internationale Akteure, Polizeibehörden, Staat und Wirtschaft gefördert werden. Es muss auch eine Wechselwirkung zwischen der Prävention (Verwundbarkeits- und Risikoanalysen, Bedrohungslage), der Reaktion (CERTs, Attribution, Polizei) und einer Kontinuität (BCM und Krisenmanagement) bestehen. Die Cyberstrategien der Schweiz und Deutschlands verfolgen diesen umfassenden Ansatz („Whole of Nation and Whole of System"-Ansatz).

Zusammenfassend kann gesagt werden, dass Cyberstrategien die folgenden Aspekte beinhalten müssen:

---

**Zentrale Aspekte von Cyberstrategien**

- „Governance Framework" für Cybersicherheit.
- Risiko- und Verwundbarkeitsmanagement Incident Handling (Aufbau von CERTs) und Krisenmanagement.
- Entwicklung von Kooperationsmodellen (wie z. B. Public-Private-Partnership-Modelle), die den Dialog und Informationsaustausch zwischen den Akteuren fördern.
- Aufbau von regulatorischen Maßnahmen, Entwicklung von rechtlichen Grundlagen, internationale Zusammenarbeit und Kapazitätsaufbau, um Cyberkriminalität zu bekämpfen.
- Identifikation von Betreibern Infrastrukturen.
- Awareness und Training für das Management und die Mitarbeiter sowie szenariobasierte Trainingssequenzen im Sinne von Table Top- und War Gaming-Übungen.
- Forschung und Entwicklung auf nationaler und internationaler Ebene [5].

Die Cyberstrategien der Schweiz und Deutschlands zeigen viele Gemeinsamkeiten, aber auch Unterschiede auf. Ähnlichkeiten sind primär bei den Handlungsfeldern und Maßnahmen zu sehen, Unterschiede bestehen bei der Organisationsstruktur und Umsetzung, die den nationalen Anforderungen angepasst wurden. Die größten Herausforderungen zeigen sich in den Bereichen Meldepflicht von Cybervorfällen und regulatorische Auflagen.

**Ähnlichkeiten der Cyberstrategien Deutschland und der Schweiz**

- Eine Cybersicherheitskultur muss entwickelt und gefördert werden.
- Kritische Infrastrukturen stehen im Zentrum, da sie im Interesse der nationalen Sicherheit stehen.
- Lageentwicklung/-analyse der Bedrohungslage muss auf- und ausgebaut werden, damit Bedrohungen erkannt und vermieden werden können.
- Krisenmanagement ist ein entscheidendes Element der Cybersicherheitsstrategie.
- Forschung und Entwicklung sowie Kompetenzbildung müssen ausgebaut werden, damit die nötigen Fähigkeiten aufgebaut werden können.
- Public-Private-Partnerships müssen auf- und ausgebaut werden.
- Internationale Zusammenarbeit muss gefördert und gestärkt werden.

Im Zentrum der Cyberstrategien der Schweiz und Deutschlands stehen die kritischen Infrastrukturen, weil diese die Verfügbarkeit von essenziellen Gütern und Dienstleistungen (Energie, Finanzen, Verkehr) sicherstellen. Störungen und Manipulationen, die zu Ausfällen führen, hätten fatale Auswirkungen auf das ganze Land, die Wirtschaft und die Bevölkerung. Die Interdependenzen, Wechselwirkungen und Abhängigkeiten sind so groß, dass Sicherheitslücken bei den Unternehmen zu schwerwiegenden Kettenreaktionen führen können.

**Unterschiede und Herausforderungen der Cyberstrategien Deutschland und der Schweiz**

- Organisationsstruktur (dezentrale oder zentrale Umsetzung), die auf die nationalen Gegebenheiten der Länder ausgerichtet ist.
- Meldepflichten: IT-Sicherheitsgesetz in Deutschland (2015), Richtlinien der Netz- und Informationssicherheit (NIS-Richtlinien 2016).
- Unterschiedliche Federführung: In der Schweiz ist das Eidgenössische Finanzdepartement (EFD) und in Deutschland das Bundesinnenministerium (BMI) zuständig für die Cyberstrategie und deren Umsetzung.
- Regulatorische Auflagen (Sicherheitskatalog der Bundesnetzagentur) und weitere rechtliche Grundlagen.

Staaten sind sich auch einig, dass der Cyberraum nur durch eine enge internationale Zusammenarbeit geschützt werden kann. Dazu wurden wichtige Gremien und Foren ins Leben gerufen, die sich damit befassen, das Internet als offenen, transparenten, freien und sicheren Raum zu gestalten. Darunter sind die Organisation für Sicherheit und Zusammenarbeit in Europa (OSZE), die Organisation für wirtschaftliche Zusammenarbeit und Entwicklung (OECD), die European Union Agency for Network and Information Security (ENISA), die Organisation der Vereinten Nationen (UNO), die Europäische Union (EU) – alle haben Cyber-Expertengruppen ins Leben gerufen, die sich mit der Sicherheit im Cyberraum befassen. So hat man sich mit vertrauensbildenden Maßnahmen, der Einführung von Cyber-Normen und Standardisierungsprozessen unter Staaten, Rechtsgrundlagen, staatlicher Verantwortung, Schutz der Privatsphäre im Cyberraum und dem Kapazitätsausbau bezüglich der Cybersicherheit im Cyberraum befasst.

Kooperationen finden auf regionaler wie auch auf globaler Ebene statt:

**Regionale Ebene:**

- Organisation für Sicherheit und Zusammenarbeit in Europa (OSZE)
- Organization of American States (OAS)
- Association of Southeast Asian Nations (ASEAN)
- Shanghai Cooperation Organization (SCO)

**Globale Ebene:**

- United Nations Governmental Group of Experts (UN GGE)

Es geht darum ein globales Regelwerk zu entwickeln, da jede regionale Organisation andere Ansätze und Prioritäten hat. Durch die extreme Vernetzung haben Cyber Angriffe aus gewissen Regionen globale Auswirkungen. Deshalb muss die internationale Gemeinschaft schauen, dass es eine globale Cyber Sicherheitsagenda entwickeln kann, die mithilfe regionaler Ansätzen und Organisationen entstehen könnte.

Dabei sind wichtige Ziele erreicht worden. Hier einige Beispiele der wichtigsten Gremien und ihrer Aktivitäten:

Internationale und regionale Gremien im Umfeld der Cybersicherheit sind:

**OSZE**: Es wurden vertrauensbildende Maßnahmen (VBMs) entwickelt, die mithelfen sollen, den Cyberraum zu schützen und das Vertrauen unter den Staaten zu fördern. Der OSZE-Prozess zur Vertrauensbildung folgt dieser Logik: Es soll Transparenz geschaffen und danach die zwischenstaatliche Kooperation verbessert werden, damit strategische Stabilität erreicht werden kann. Die Vereinbarungen von 2013 und 2016 umfassen insbesondere Maßnahmen zur Schaffung von Transparenz und Erhöhung der Kooperation, was über einen systematischen Informationsaustausch erreicht

werden soll. Die Maßnahmen sind politisch nicht bindend, sondern basieren auf Freiwilligkeit. 57 Länder, darunter auch die Schweiz und Deutschland, haben die Verein-
barung zu den vertrauensbildenden Maßnahmen verabschiedet. Dies zeigt eine
Bereitschaft, Informationen über nationale Institutionen, Bedrohungseinschätzun-
gen, Programme und Kooperationsmechanismen auszutauschen. Die Schweiz und
Deutschland sind aktive Akteure der Arbeiten um die VBM. Die Schweiz hatte 2014
den Vorsitz und wirkte stark an der Gestaltung des 1. Katalogs von VBM mit. Auch
wurden die Arbeiten zur Entwicklung des 2. Kataloges aufgenommen. Serbien und
Deutschland folgten dem Schweizer Beispiel und führten die OSZE-Konferenzreihe
„Chairmanship in Office" fort. Deutschland hat zudem ein innovatives Element eingefügt, zumal auf der OSZE-Auftaktkonferenz im Januar 2016 zum ersten Mal ein
dimensionsübergreifender Ansatz vorgeschlagen wurde. Es geht also nicht mehr nur
darum, den politisch-militärischen Aspekt (1. Dimension) zu berücksichtigen, sondern auch die wirtschaftlichen (2. Dimension) und menschenrechtlichen (3. Dimension) Elemente der Cybersicherheit zu erfassen. Was die OSZE so speziell macht, ist,
dass sie einerseits ein internationales Gremium ist, aber zugleich auch die größte regionale Sicherheitsorganisation.

**OECD**: Die Working Party on Security and Privacy in the Digital Economy hat sich in
einem Multi-Stakeholder-Ansatz (Regierungen sowie private und öffentliche Organisationen) damit befasst, die Security Guidelines von 2012 umzuschreiben und den
neuen Cyberbedrohungen anzupassen. In dieser Arbeitsgruppe ging es darum, die Vorteile des Internets für das wirtschaftliche und soziale Wachstum zu nutzen und dabei
auch die neu entstandenen Sicherheitsrisiken zu berücksichtigen. Cybersicherheit wird
als ein Instrument für wirtschaftlichen Fortschritt erachtet, und die Arbeitsgruppe ist zu
dem Schluss gekommen, dass es ohne Cybersicherheit keine Wirtschaft, keinen Wohl-
stand, keine Innovation gibt. Die Cyberexpertengruppe der OECD hat die Studie *Digital Security Risk Management for Economic and Social Prosperity* im Jahr 2015
publiziert [6].

**ENISA**: Die ENISA befasst sich in verschiedenen Arbeitsgruppen und in enger Zusammenarbeit mit den relevanten Akteuren um die Themen Incidentmanagement
(Aktivitäten der CERTs), Stärkung der Resilienz der Netzwerke und kritischen
Infrastrukturen und Best Practice beim Informationsaustausch, Public-Private-Partnerships, Risikomanagement sowie Unterstützung der EU-Staaten im Rahmen der
Auflagen der NIS-Direktive. Eine 2013 ins Leben gerufene Cyberexpertengruppe
befasst sich zudem mit der Entwicklung von Cyberstrategien für Staaten, die noch
keine haben, mithilfe derjenigen Staaten, die schon solche Strategien entwickelt
haben und ihre Erfahrungen weitergeben können. Die Cyberexpertengruppe der
ENISA hat sich zudem mit dem Schutz der kritischen Infrastrukturen befasst und ein
Benchmarking-Whitepaper zum Schutz kritischer Infrastrukturen in 15 EU-Mitgliedstaaten und der Schweiz publiziert. Deutschland und die Schweiz sind Teil dieser
Cyber Expert Working Group und haben ihre Erfahrungen weitgehend eingebracht [7].

**UNO**: Die United Nations Group of Governmental Experts (GGE) wurde gegründet, um sich mit den dunklen Themen des Internets im Cyberraum zu befassen und die internationale Sicherheit zu stärken. Es werden auch Cyber-Normen und Standardisierungsprozesse gefördert, die die Staaten befolgen sollten. Diese sind das Einhalten von internationalem Recht (UN-Charta), wenn Staaten sich im Cyberraum befinden, und „to honor state responsibility" für Cyberangriffe, die von ihrem Gebiet ausgehen [8].

**EU:** Die EU hat im Jahr 2013 die EU-Cyber-Sicherheitsstrategie verabschiedet und 2016 die Richtlinien der Netz- und Informationssicherheit (NIS-Richtlinien), die unten stehend ausführlich beschrieben werden [9].

Man sieht, dass Staaten das Thema Cybersicherheit ernst nehmen und sich in internationaler Zusammenarbeit einbringen, um den Cyberraum sicherer zu gestalten. Unternehmen können auch hier von den Erfahrungen der Staaten profitieren, die Grundideen und -strukturen sind für alle dieselben. Auch für Unternehmen ist es wichtig, dass der Cyberraum offen, transparent, frei und sicher ist. So sollten sich Unternehmen Gedanken machen, wie sie von den Arbeiten der Staaten profitieren können, wie man gemeinsam den Cyberraum sicherer gestalten kann und sich auch als Unternehmen aktiv in existierende Gremien einbringen.

Im nächsten Kapitel werden wir uns den Herausforderungen widmen und evaluieren, was die Auswirkungen einer Meldepflicht im Sinne der NIS und regulatorischer Auflagen im Sinne des IT-Sicherheitsgesetzes auf Staaten und Unternehmen sind.

## 9.2 Auflagen und Regulierung

### 9.2.1 NIS-Richtlinien

Die Diskussionen um die Netz- und Informationssicherheit (NIS) werden seit 2001 geführt, sie sind damit also keineswegs neu. Durch die stetige Zunahme der Digitalisierung und Vernetzung der Geschäftsprozesse und Informationssysteme haben die Diskussionen zur Verbesserung der Sicherheit in letzter Zeit ebenfalls stark zugenommen. Zudem sind die Abhängigkeiten größer geworden, und Informationssysteme spielen heutzutage auch eine wichtige Rolle im grenzüberschreitenden Waren-, Dienstleistungs- und Personenverkehr. Dadurch würde ein Sicherheitsvorfall in einem Mitgliedstaat auch andere Mitgliedstaaten sowie unter Umständen die gesamte EU und darüber hinaus weitere Staaten tangieren. So haben das Europäische Parlament und der Europarat 2013 Richtlinien über Maßnahmen zur Gewährleistung einer hohen gemeinsamen Netz- und Informationssicherheit in der Union herausgegeben. Diese Richtlinien waren das Resultat einer öffentlichen Online-Konsultation zur „Verbesserung der NIS in der EU" aus dem Jahr 2012. 82,8 % der Konsultationsteilnehmer waren der Ansicht, dass mehr getan werden sollte, um eine hohe Netz- und Informationssicherheit zu gewährleisten [10].

▶   **Ziel der NIS-Richtlinien**
    Das Funktionieren des Internets sowie der Netze- und Informationssysteme ist
    für unsere Volkswirtschaften und Gesellschaften unverzichtbar. Darum ist das
    Hauptziel der NIS Richtlinie die Sicherheit der Netzt- und Informationssicher-
    heit zu erhöhen, indem die Mitgliedstaaten verpflichtet werden, ihre Abwehr-
    bereitschaft zu erhöhen und ihre Zusammenarbeit untereinander zu verbessern.
    Auch werden Betreiber kritischer Infrastrukturen und wichtige Anbieter von
    digitalen Dienstleistungen sowie öffentlichen Verwaltungen verpflichtet, gra-
    vierende Sicherheitsvorfälle den nationalen Behörden zu melden sowie ein
    Risikomanagement mit geeigneten Maßnahmen einzuführen [10].

Das Hauptargument der NIS-Richtlinie in 2013 war, dass das freiwillige Vorgehen keinen
ausreichenden EU-weiten Schutz vor NIS-Vorfällen und -Risiken biete. Auch bestünde
bei den Betreibern kritischer Infrastrukturen keine angemessene Verpflichtung, Risikomanagementmaßnahmen zu treffen und den Informationsaustausch mit den zuständigen
Behörden zu pflegen. Im Jahr 2013 waren nur Telekommunikationsunternehmen verpflichtet, Risikomanagementmaßnahmen zu ergreifen und gravierende Vorfälle betreffend
der Netz- und Informationssicherheit zu melden. Andere kritische Infrastrukturen waren
nicht verpflichtet und konnten auf freiwilliger Basis agieren. Dies wiederum führte zu sehr
unterschiedlichen Sicherheitsniveaus unter den EU-Mitgliedstaaten. So wurde entschieden, dass sich die zuständigen nationalen Behörden vernetzen sollten, damit eine sichere
und wirksame Koordinierung in den Bereichen Informationsaustausch und Reaktionsfä-
higkeit erreicht werden kann. Auch sollte eine Kultur des Risikomanagements entwickelt
werden, so dass ein Informationsaustausch zwischen privatem und öffentlichem Sektor
stattfindet. Nach langjähriger Diskussion haben sich das EU-Parlament und der Minister-
rat im Dezember 2015 auf einen gemeinsamen Entwurf einigen können, der ausdrücklich
eine Mindestharmonisierung des geltenden Rechts in der EU darstellt. Die NIS-Richtlinie,
die im Juli 2016 verabschiedet wurde [11], ist Teil der Cybersicherheitsstrategie der EU
und primär auf die Sicherheit im Internet sowie die Sicherheit privater Netze und Informationssysteme ausgerichtet [11, 12].

Im folgenden Teil werden die beschlossenen Kernpunkte der NIS-Richtlinie für die
EU-Mitgliedstaaten und die in der EU tätige Privatwirtschaft behandelt. Ein wichtiger
Aspekt ist, dass die NIS-Richtlinien auch für Nicht-EU-Mitgliedstaaten und deren Unter-
nehmen, die in der EU tätig sind, gelten. Dies ist ein wichtiger Punkt, der in Zukunft auch
Auswirkungen auf die in der EU tätigen Schweizer Unternehmen haben wird. Für nicht
EU-Unternehmen, die Betreiber kritischer Infrastrukturen sind und weiterhin am digitalen
Binnenmarkt der EU teilnehmen wollen, sind die NIS-Richtlinien verpflichtend. Bevor wir
uns aber den möglichen Auswirkungen der NIS-Richtlinien widmen, werden wir deren
Vorgaben für die EU-Mitgliedstaaten und die Privatwirtschaft zusammenfassend erläutern.

**Für die EU-Mitgliedstaaten gilt:**
Die Kapazitäten und Reaktionsfähigkeiten sowie die zwischenstaatliche Kooperation in
allen relevanten Bereichen der Cybersicherheit sollen verbessert werden. Dazu müssen
die Mitgliedstaaten eine nationale NIS-Strategie erarbeiten, in welcher strategische Ziele

sowie politische, technische und rechtliche Maßnahmen zur Cybersicherheit festgelegt werden. Die EU-Mitgliedstaaten haben nach Inkrafttreten der NIS-Richtlinien 21 Monate Zeit, diese in ihre nationalen Gesetze zu überführen. Zudem soll eine zuständige nationale Aufsichtsbehörde ernannt werden, die als „Single Point of Contact" dient und die Anwendung der Richtlinien auf nationaler Ebene überwacht und für ihre einheitliche Anwendung in der EU sorgt. Die Mitgliedstaaten sollen diese Behörde mit finanziellen und personellen Ressourcen ausstatten. Sie ist ermächtigt, Behörden und Firmen zu untersuchen und Audits zu verlangen. Neu gibt es auch eine Meldepflicht von Vorfällen an diese nationale Aufsichtsstelle für Verwaltung und Unternehmen. Die Aufsichtsbehörde meldet dann weiter an die Strafverfolgungsbehörden. Die Einhaltung dieser Meldepflicht ist verpflichtend für die Teilnahme am digitalen EU-Markt. Zudem sollen Notfallteams zur Bearbeitung von Cybervorfällen aufgestellt werden, sogenannte Computer Emergency Response Teams (CERTs) und die Zusammenarbeit mit anderen zuständigen Behörden und mit der EU-Kommission gefördert werden.

▷ **Kernpunkte für EU-Mitgliedstaaten**
- Verpflichtung, eine nationale NIS-Strategie mit gesetzlichen und regulatorischen Maßnahmen zu entwickeln und umzusetzen.
- Schaffung einer Kooperationsgruppe, um die strategische Zusammenarbeit und den Informationsaustausch zwischen den Mitgliedstaaten zu unterstützen und zu erleichtern und Vertrauen zwischen ihnen aufzubauen.
- Schaffung eines Netzwerks von Computer-Notfallteams, um zum Aufbau von Vertrauen ziele

**Für die Privatwirtschaft gilt:**

Es sind Vorgaben zur Verbesserung der Sicherheit im EU-Raum zu etablieren. Diese Vorgaben richten sich insbesondere an Unternehmen, die kritische Infrastrukturbetreiber sind. Diese müssen je nach Einstufung gewisse, den Risiken „angemessene" Sicherheitsmaßnahmen treffen (Risikomanagement) und „schwerwiegende" Momentan werden die Details der NIS-Richtlinien in Brüssel diskutiert, z. B. ab wann ein Vorfall als schwerwiegend gilt oder welche Anbieter digitaler Dienste darunterfallen. Sicherheitsvorfälle den Behörden melden (Meldepflicht). Die Einstufung erfolgt durch die Mitgliedstaaten, die entscheiden müssen, ob ein Unternehmen im jeweiligen Tätigkeitsfeld entweder als ein sogenannter „Betreiber unerlässlicher Dienste" gilt oder als ein „Anbieter digitaler Dienste".

Die Kriterien für einen „Betreiber unerlässlicher Dienste" sind einerseits die Abhängigkeiten des Unternehmens von den Netz- und Informationssystemen, den Stellenwert und Signifikanz des Unternehmens für den Staat, die Wirtschaft und Bevölkerung sowie mögliche Auswirkungen eines Sicherheitsvorfalls. Darunter fallen die kritischen Sektoren Energie, Verkehr, Bank- und Finanzwesen, Gesundheit, Wasserversorgung sowie digitale Infrastrukturen. Solche Unternehmen sind verpflichtet, neben der Ergreifung angemessener Sicherheitsmaßnahmen zur Cybersicherheit den zuständigen nationalen Behörden auch schwerwiegende Vorfälle zu melden.

Als „Anbieter digitaler Dienste" gelten Betreiber von Suchmaschinen (wie z. B. Google), Online-Marktplätzen (wie z. B. Amazon und eBay) und Cloud-Computing-Diens-
ten (wie z. B. Amazon Web Services, Telekom Cloud, Microsoft Azure etc.), für die
entsprechenden Regeln gelten. Sie müssen ebenfalls bestimmte, definierte Mindestmaß-
nahmen für die Sicherheit ergreifen und Vorfälle mit einer erheblichen Auswirkung auf
die Erbringung der Dienstleistungen melden. Die EU-Mitgliedstaaten haben nach
Inkrafttreten der NIS-Richtlinien 27 Monate Zeit, die „Betreiber unerlässlicher Dienste"
zu bestimmen.

▶  **Kernpunkte für die Privatwirtschaft** Für Betreiber wesentlicher Dienste und
   Anbieter digitaler Dienste sollen Sicherheitsanforderungen und Meldepflichten
   gelten, damit eine Kultur des Risikomanagements gefördert wird und sichergestellt ist, dass die gravierendsten Sicherheitsvorfälle gemeldet werden [12].

▶  Für Kleinstunternehmen sind Ausnahmen vorgesehen [12].

## 9.2.2  IT-Sicherheitsgesetz

Das IT-Sicherheitsgesetz ist wie die NIS-Richtlinien ein Teil der Cybersicherheitsstrategie und soll damit ebenfalls für mehr Sicherheit sorgen, jedoch hat das IT-Sicherheitsgesetz einen rein nationalen Fokus. In Deutschland wurde das IT-Sicherheitsgesetz, das auf
nationaler Ebene Teil der Cybersicherheitsstrategie ist, bereits am 25. Juli 2015 verabschiedet. Es richtet sich wie die NIS-Richtlinie primär an die Betreiber von kritischen
Infrastrukturen. Deutschland ist mit dem IT-Sicherheitsgesetz einen Schritt weitergegan-
gen als die EU mit der NIS-Richtlinie. Das IT-Sicherheitsgesetz spezifiziert in einer
Rechtsverordnung genau, wer vom IT-Sicherheitsgesetz betroffen ist, welche Auflagen es
gibt und wie hoch die maximale Strafe für Nichteinhaltung der Meldepflicht ist. Darin
wird auch die seit Jahren diskutierte Meldepflicht für Unternehmen bei Sicherheitsvorfäl-
len festgeschrieben. Bei Nichteinhaltung der Meldepflicht droht eine Geldbuße von bis zu
100.000 Euro [13].
    Auch in Frankreich [14] wurden schon erste Vorschriften erlassen, die die Betreiber
kritischer Infrastrukturen gesetzlich zu Schutzmaßnahmen vor Cyberangriffen verpflich-
ten und eine Meldepflicht einführen sollen. Eine Meldepflicht sowie das Ergreifen von
Schutzmaßnahmen sind in Frankreich obligatorisch. Das Nichteinhalten ist wie bei der
NIS-Direktive mit festgelegten Strafen und Sanktionen belegt.

▶  **Ziel des IT-Sicherheitsgesetzes [13]** Ziel des Gesetzes ist es unter anderem,
   die IT-Sicherheit von Unternehmen zu erhöhen, insbesondere bei Betreibern
   kritischer Infrastrukturen (KRITIS). KRITIS-Betreiber werden damit verpflichtet,
   ein Mindestniveau in der IT-Sicherheit einzuhalten und dem BSI IT-Sicher-
   heitsvorfälle zu melden [15].

Die Liste der KRITIS-Betreiber wird erst nach der Verabschiedung der Rechtsverordnung klar geregelt sein. Die Rechtsverordnung wird messbare und nachvollziehbare Kriterien enthalten, anhand derer Betreiber prüfen können, ob sie unter den Regelungsbereich fallen. So wird der Versorgungsgrad anhand von Schwellenwerten für jede Anlagenkategorie im jeweiligen Sektor, bspw. Energie, bestimmt. Der Regelschwellenwert beträgt für Energieversorger 500.000 versorgte Personen. Der Gesetzesbegründung zufolge ist von insgesamt nicht mehr als 2.000 Betreibern kritischer Infrastrukturen in den regulierten sieben Sektoren auszugehen. Die Sektoren Energie, Wasser, Ernährung, Informationstechnik und Telekommunikation sind bereits in der Verordnung abgebildet und bis Ende 2016 werden die übrigen Sektoren Transport und Verkehr, Gesundheit und Finanz- und Versicherungswesen einbezogen. Im Anhang 10.2 sind die wichtigsten Fragen und Antworten zum IT-Sicherheitsgesetz vom Bundesamt für Sicherheit und Informationstechnik (BSI) aufgeführt.

Die gemeldeten Sicherheitsvorfälle werden vom BSI ausgewertet und ein entsprechendes Lagebild erstellt, welches den zuständigen Behörden und den KRITIS-Betreibern zur Verfügung gestellt wird. Die Regulierungen und Auflagen haben kurz-, mittel- und langfristige Auswirkungen für Staaten und Unternehmen. Mögliche Auswirkungen werden hier kurz beschreiben.

**Auswirkungen auf Unternehmen:**

Kurzfristig

- Erhöhter Aufwand für die Etablierung eines IT-Sicherheitsmindeststandards und der technischen Umsetzung nach dem „Stand der Technik", was „Stand der Technik" heißt, wird im Anhang 12.2 erklärt.

Mittelfristig

- Ein Unternehmen kann in jedem EU-Mitgliedstaat mit den gleichen Sicherheitsstandards rechnen, da es eine Mindestharmonisierung des geltenden Rechtes in der EU gibt.
- Es besteht Transparenz und Verlässlichkeit der IT-Sicherheit durch die Mindeststandardisierung und die damit verbundenen technischen Auflagen (z. B. ISMS-Einführung, ISO-27000-Zertifizierung).
- Übergangsweise besteht Unsicherheit unter den Unternehmen, ob sie nach den 21 Monaten nach Verabschiedung der NIS-Richtlinien als systemrelevant eingestuft werden und unter diese Regelung fallen und welche damit verbundenen Maßnahmen umgesetzt werden müssen.

Langfristig

- Es gibt sichere Dienstleistungen, da diese weniger angreifbar sind.
- Das Schutzniveau wird steigen und nicht unter den Mindeststandard fallen.
- Es besteht mehr Sicherheit durch die Pflicht, differenzierte Maßnahmen zur Steigerung der Abwehrfähigkeit zu ergreifen.
- Der digitale EU-Binnenmarkt wird gestärkt, da weitgehend einheitliche Regeln herrschen.

▶ **Keine Meldepflichten für Cybervorfälle in der Schweiz**

In der Schweiz besteht keine cyberabhängige Meldepflicht; Meldungen basieren auf Freiwilligkeit. Cybervorfälle können demnach freiwillig der Melde- und Analysestelle für Informationssicherung (MELANI) gemeldet werden; eine Meldepflicht im Sinne des IT-Sicherheitsgesetzes oder der NIS-Richtlinien wird von der Schweiz nicht angestrebt. Die Entwicklungen um die NIS-Direktive werden jedoch auch in der Schweiz aufmerksam verfolgt.

Es gibt jedoch sektorspezifische Meldepflichten wie branchenspezifischen Regulierungsbedarf (z. B. Telekommunikation, Luftfahrt, Energie, Finanzen) oder im Sinne von Schutzaufträgen, wenn etwa radioaktives Material freigesetzt wird, Chemikalien in die Umwelt gelangen oder wenn für eine bestimmte Anzahl Kunden respektive einen bestimmten Zeitraum Telekommunikationsdienste ausfallen. Auch dies ist sektorspezifisch ausgestaltet.

Grundsätzlich sind die regulatorischen Auflagen Zielvorgaben respektive Schutzaufträge. Sehr illustrativ ist hierzu Art. 7 des Datenschutzgesetzes:

„Personendaten müssen durch angemessene technische und organisatorische Maßnahmen gegen unbefugtes Bearbeiten geschützt werden. Der Bundesrat erlässt nähere Bestimmungen über die Mindestanforderungen an die Datensicherheit [16]."

Falls sektorspezifischer Regulierungsbedarf besteht, obliegt es den entsprechenden Regulatoren in der Schweiz, diesen zu identifizieren und Vorgaben zu machen. Die Schweiz hält sich mit konkreten Handlungsanweisungen eher zurück und vertritt die Meinung, dass jeder es so handhaben soll, wie es für den Betrieb angemessen und zielführend ist. Kann einem Betreiber im Ereignisfall Nach- bzw. Fahrlässigkeit vorgeworfen werden, wird er Schadenersatzpflichtig (Art. 41 OR) und kann allenfalls aufgrund besonderer Gesetze (sektorspezifische oder Strafgesetzbuch) auch bestraft werden.

## Literatur

1. https://www.bbk.bund.de
2. NCSS interaktive Map auf der ENISA-Website unter https://www.enisa.europa.eu/und ITU Homepage
3. Cyber-Sicherheitsstrategie für Deutschland, Bundesministerium des Innern, 2016. http://www.bmi.bund.de/DE/Themen/Sicherheit/IT-Cybersicherheit/Cybersicherheitsstrategie/cybersicherheitsstrategie_node.html
4. Nationale Strategie zum Schutz der Schweiz vor Cyberrisiken, Eidgenössisches Departement für Verteidigung, Bevölkerungsschutz und Sport VBS, 2012. https://www.isb.admin.ch/isb/de/home/themen/cyber_risiken_ncs.html. Und Umsetzungsplan NCS 2013: https://www.isb.admin.ch/isb/de/home/themen/cyber_risiken_ncs/umsetzungsplan.html.
5. National Cyber Security Strategies: Setting the course for national efforts to strengthen security in cyberspace, European Network and Information Security Agency (ENISA), 2012: https://www.enisa.europa.eu.

6. Digital Security Risk Management for Economic and Social Prosperity: OECD Recommendation and Companion Document, OECD 2015, elektronische Version unter: http://www.oecd.org/sti/ieconomy/digital-security-risk-management.pdf.
7. Offizielle ENISA-Website.
8. Für mehr Informationen über die UNGGE besuchen Sie die offizielle Website: https://www.un.org/disarmament/topics/informationsecurity.
9. Joint Communication to the European Parliament, the Council, the European Economic and Social Committee and the Committee of the Regions, Cybersecurity Strategy of the European Union: An Open, Safe and Secure Cyberspace, Brussels, 07.02.2013.
10. Vorschlag für eine Richtlinie des Europäischen Parlaments und des Rates über Maßnahmen zur Gewährleistung einer hohen gemeinsamen Netz- und Informationssicherheit in der Union, Brüssel 07.02.2013.
11. European Commission Press Release, Commission welcomes agreement to make EU online environment more secure, Brussels 8 December 2015, http://europa.eu.
12. Richtlinie (EU) 2016/1148 des Europäischen Parlaments und des Rates vom 6. Juli 2016 über Maßnahmen zur Gewährleistung eines hohen gemeinsamen Sicherheitsniveaus von Netz- und Informationssystemen in der Union.
13. Bundesamt für Sicherheit und Informationstechnik – BSI, *Das IT-Sicherheitsgesetz – Fragen und Antworten*, Bonn: Februar 2016, www.bsi.bund.de. Das IT Sicherheitsgesetz: https://www.bsi.bund.de/DE/Themen/Industrie_KRITIS/IT-SiG/it_sig_node.html.
14. ANSSI Richtlinien (2016) vgl. Französische Cyber-Sicherheitsagentur: www.anssi.fr.
15. Bundesamt für Sicherheit und Informationstechnik, Die Lage der IT-Sicherheit in Deutschland 2015, Bonn, November 2015, Kapitel 4. Bundesamt für Sicherheit in der Informationstechnik, „Meldepflicht", https://www.bsi.bund.de/DE/Themen/Industrie_KRITIS/IT-SiG/Neuregelungen_KRITIS/Meldepflicht/meldepflicht_node.html „IT-Sicherheitsgesetz: Wer was wann zu melden hat", Heise online, 08.02.2016, https://www.heise.de/newsticker/meldung/IT-Sicherheitsgesetz-Wer-was-wann-zu-melden-hat-3096885.html
16. Bundesgesetz über den Datenschutz (DSG) vom 19. Juni 1992 (Stand am 1. Januar 2014) und Verordnung zum Bundesgesetz über den Datenschutz vom 14. Juni 1993 (Stand am 1. Dezember 2010), Art. 8 und 9.

# Grundsätze der Strategieentwicklung

**Zusammenfassung**

Je vernetzter und digitalisierter ein Unternehmen ist, desto wichtiger ist es, eine bereichsübergreifende Cyberstrategie zu entwickeln, da Cyberstrategien eine Teilstrategie der Unternehmensstrategie sind. Eine Cyberstrategie zu entwickeln ist, wenn die richtige Methode und die richtigen Instrumente angewendet werden, keine Zauberei. Unternehmen (insbesondere Kleine und Mittlere Unternehmen – KMU) beschäftigen sich nicht in dem Maß mit der Cyberstrategieentwicklung, wie sie sollten. Die gesamte Energie und Konzentration wird oft in das operative Tagesgeschäft investiert und nicht in den Cyberstrategie-Planungsprozess. Untenstehend werden die vier generischen Schritte zur Cyberstrategieentwicklung beschrieben. Das Unternehmen sollte zuerst die Ausgangslage analysieren und sein Umfeld kennen. Dann sollten die Vision und die strategischen Ziele gesetzt werden und darauf basierend die Cyberstrategie entwickelt werden. Der letzte Punkt ist die Cyberstrategie-Umsetzung. Es ist wichtig, dass das Unternehmen eine Struktur etabliert, die den Umsetzungsprozess aktiv begleitet und anhand eines Monitorings Anpassungen vornimmt. Aufgrund der strategischen Ziele müssen geeignete Handlungsfelder und Maßnahmen definiert werden, die bedarfsgerecht auf das jeweilige Unternehmen ausgerichtet werden. Bei Bedarf kann auch externe Hilfe und Unterstützung hinzugezogen werden, damit eine bedarfsgerechte und maßgeschneiderte Cyberstrategie entwickelt werden kann.

▷ Die sprachliche Herkunft des Begriffs Strategie liegt im alten Athen. *Strategos* war ein militärischer Befehlshaber und Mitglied des Kriegsrates [1]. Der Begriff Strategie kommt also ursprünglich aus dem Militärwesen und ist im weiteren Sinne als die Art der Kriegsführung zu verstehen. Es geht um die Planung und

© Springer Fachmedien Wiesbaden GmbH 2017
M. Bartsch, S. Frey, *Cyberstrategien für Unternehmen und Behörden*,
DOI 10.1007/978-3-658-16139-2_10

um die Art und Weise, wie ein Krieg geführt werden muss. Der chinesische General Sun Tsu hat schon im 4. Jahrhundert vor Christus die zentralen Elemente der Strategie in seinem Buch *„Die Kunst des Krieges"* beschrieben [2]. Diese Elemente haben sich auch bei den Unternehmen durchgesetzt. In den 1960er-Jahren wurden die ersten Konzepte der Unternehmensstrategie entwickelt und auch teils praktiziert [3].

Strategie kann als die planmäßige Vorgehensweise zur Erreichung langfristiger Ziele beschrieben werden. Eine planmäßige Vorgehensweise ist aber nicht immer möglich, und Strategien müssen dem sich verändernden Umfeld angepasst werden. Dies sind z. B. Marktveränderungen durch Mergers and Acquisitions, Kriege und Konflikte, neue Verträge und Regularien etc. Der Vater des neuzeitlichen Strategieentwicklungsprozesses Henry Mintzberg nennt dies *„deliberate strategies"* und *„emergent strategies"*. Er propagiert die Notwendigkeit, geplante Strategien mit sich verändernden Rahmenbedingungen zu kombinieren. Nur durch ein facettenreiches Verständnis gelingt es uns, eine sinnvolle Strategie zu entwickeln und umzusetzen. Mintzberg definiert die sogenannten 5 Ps, die helfen, eine Strategie zu entwickeln [4]:

1. **Plan** für die Zukunft
2. **Position** im Markt
3. **Pattern** (konsistentes Verhaltensmuster)
4. **Ploy** (geschickte Taktik, um die Konkurrenz zu überholen)
5. **Perspective** (Umfeldanalyse)

Mintzberg ging später noch einen Schritt weiter und führte die Strategiebrücke ein, die den Übergang von der Vergangenheit in die Zukunft vereinfachen sollte. Diese beinhaltet sieben Perspektiven, die Führungskräfte nach Mintzberg einnehmen sollten, um eine umfassende strategische Ausrichtung für das Unternehmen zu erreichen. Dieser Ansatz ist geeignet, um das gesamte Umfeld mit einem 360-Grad-Blickwinkel zu analysieren und kreatives „Out of the Box"-Denken zu fördern. Nur mit diesem Ansatz können Unternehmen flexibel und nachhaltig Strategien entwickeln und umsetzen.

Die sieben Perspektiven gestalten sich wie folgt:

➤ **Eine Brücke schlagen von der Vergangenheit in die Zukunft**

1. zurückblicken
2. von oben betrachten
3. von unten schauen
4. nach vorne in die Zukunft blicken (Szenariotechnik)
5. zur Seite schauen
6. darüber hinaus schauen (Querdenken)
7. bis zum Ende schauen (nachhalten, umsetzen, überprüfen) [5].

Zentral bei der Strategieentwicklung ist, dass eine Strategie beschreiben muss, was das Unternehmensziel ist, wie die Vorgehensweise zur Zielerreichung und wie der Prozess der Zielsetzung gestaltet werden sollen. Jedes Unternehmen benötigt eine Strategie, die die strategischen Ziele/Visionen festlegt und beschreibt, wie ein Unternehmen plant, vom Jetzt in die Zukunft zu gehen.

Aufgrund bestehender Definitionen haben wir die folgende Definition einer Strategie entwickelt:

▶ **Was ist eine Strategie?** Eine Strategie ist ein langfristiger, zielorientierter und detaillierter Plan. Die Strategie ist die Brücke von der Gegenwart in die Zukunft, die den Fortbestand einer Unternehmung unter sich verändernden Rahmenbedingungen sichert. Sie beschreibt die Ziele/Visionen und auf welche Art und Weise sie erreicht werden sollen.

Neben der Unternehmensstrategie werden bei Bedarf einzelne Bereichsstrategien formuliert. Bereichsstrategien sind Teilstrategien (Marketingstrategie, Personalstrategie etc.), die von der Unternehmensstrategie abgeleitet und dieser untergeordnet sind [6]. Eine Teilstrategie der Unternehmensstrategie ist somit auch die Cyberstrategie. Je vernetzter und digitalisierter ein Unternehmen ist, desto wichtiger ist es, eine bereichsübergreifende Cyberstrategie zu entwickeln.

In diesem Abschnitt wenden wir uns dem Thema Cyberstrategie-Entwicklung zu und zeigen auf, welche generischen Handlungsfelder und Maßnahmen eine Ausgangsbasis für die Entwicklung einer unternehmensspezifischen Cyberstrategie darstellen.

## 10.1 Cyberstrategieentwicklung

In diesem Kapitel wird nicht die Entwicklung einer Unternehmensstrategie im Fokus stehen, sondern die erfolgreiche Cyberstrategieentwicklung. Abb. 10.1 dient zur Illustration für den gesamten Strategieentwicklungsprozess eines Unternehmens. Wie schon erwähnt ist die Cyberstrategie eine Teilstrategie der Unternehmensstrategie und sollte mit den strategischen Unternehmenszielen (Vision und Mission) übereinstimmen. Für die Cyberstrategie-Entwicklung müssen Unternehmen die strategischen Cyberziele, Handlungsfelder, Maßnahmen und Meilensteine definieren und einen Umsetzungsplan erstellen, damit der Cyberstrategieprozess nachhaltig überprüft und bei Bedarf angepasst werden kann.

Eine Cyberstrategie zu entwickeln ist keine Zauberei, wenn die richtige Methode und die richtigen Instrumente angewendet werden. Unternehmen (insbesondere Kleine und Mittlere Unternehmen – KMU) beschäftigen sich selten mit der Cyberstrategieentwicklung. Die gesamte Energie und Konzentration wird in das operative Tagesgeschäft investiert und nicht in den Cyberstrategie-Planungsprozess. Es gibt unterdessen erst wenige Beratungsfirmen, die die notwendige Erfahrung und Expertise mitbringen, einem Unternehmen dabei zu helfen, eine bedarfsgerechte und maßgeschneiderte Cyberstrategie zu entwickeln.

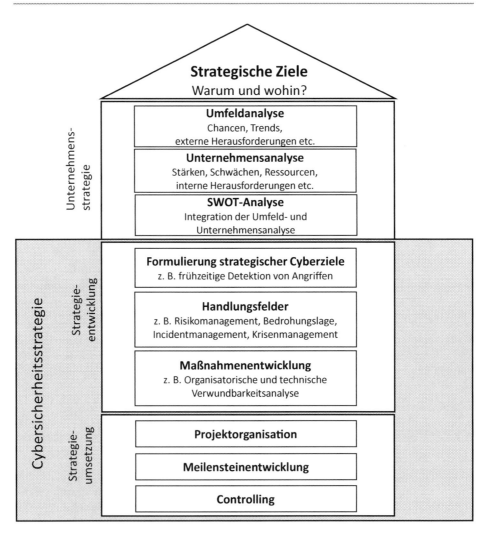

**Abb. 10.1**  Unternehmens- und Cyberstrategieprozess

Abb. 10.2 ist der erste Schritt zur Cyberstrategie-Entwicklung. Das Unternehmen sollte zuerst die Ausgangslage analysieren und sein Umfeld kennen. Dann sollten die strategischen Ziele gesetzt werden und die Cyberstrategie aufgrund der Ausgangslage und den strategischen Zielen entwickelt werden. An diesem Punkt sollte das Unternehmen auch planen, wie die Cyberstrategie umgesetzt wird und wer die Verantwortung dafür übernimmt. Es ist wichtig, dass es eine Struktur gibt, die den Umsetzungsprozess aktiv mitverfolgt und anhand eines Monitorings Anpassungen vornimmt.

### 1. Ausgangslage:

Auf der ersten Stufe muss die Ausgangsage analysiert werden. Das Unternehmen muss analysieren, wo es steht und welche Herausforderungen bestehen. Die Cyberstrategie-Entwicklung wird im Allgemeinen durch einen der folgenden drei Faktoren ausgelöst (Abb. 10.3):

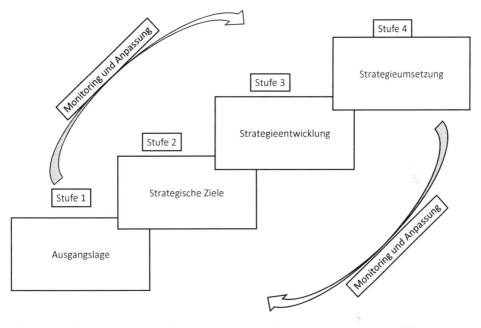

**Abb. 10.2** Die vier Schritte zur Cyberstrategie-Entwicklung

- **Nach einem erfolgreichen Cyberangriff. Je höher der Schaden, desto höher die Motivation:** Einige Staaten haben sich nach erst einem erfolgreichen Angriff entschieden, eine Cyberstrategie zu entwickeln, um die Abwehrbereitschaft zu erhöhen und sich Methoden anzueignen, die zu einem schnelleren und effizienteren Incident Handling führen. Im Unterschied zu Staaten treffen Unternehmen oft selbst nach erfolgreichen Cyberangriffen nicht die Entscheidung, eine Cyberstrategie zu entwickeln. In den meisten Fällen wird partiell versucht, die IT-Sicherheit zu erhöhen und sich gegen Cyberangriffe zu versichern (Cyber-Risiken-Versicherung). Es werden Sofortmaßnahmen ergriffen, die nicht nachhaltig, aber mit oft hohen Zusatzkosten verbunden sind. Leider wird nur in seltenen Fällen eine Cyberstrategie für das gesamte Unternehmen entwickelt. Die Entwicklung einer Cyberstrategie hängt in den meisten Fällen vom unternehmensrelevanten Schadensausmaß und der Innovationsfähigkeit ab.
- **Regulative Auflagen wie z. B. die NIS-Direktive und das IT-Sicherheitsgesetz:** Wie erwähnt geht es bei der NIS-Direktive um die Gewährleistung einer hohen gemeinsamen Netz- und Informationssicherheit. EU-Mitgliedstaaten und Unternehmen müssen zukünftig gewisse verpflichtende regulative Auflagen erfüllen. Dazu gehört die Entwicklung von Cyberstrategien und Kooperationsplänen für die EU-Mitgliedstaaten.
- **Präventive Entscheidung für eine Cyberstrategie:** Einige Staaten, die schon früh Opfer von Cyber(-spionage-) angriffen geworden sind, haben eine Cyberstrategie entwickelt. Dies hat dazu geführt, dass weitere Staaten eine präventive Entscheidung für die Entwicklung einer Cyberstrategie getroffen haben und dies in zum Teil enger Kooperation organisieren. So hat die ENISA eine Cyber Expert Working Group ins Leben gerufen, die aus einigen EU-Mitgliedstaaten und der Schweiz besteht. Der

Zweck dieser Arbeitsgruppe besteht darin, in Zusammenarbeit mit Ländern, die schon eine Cyberstrategie erstellt haben, den Ländern, die noch keine haben, bei der Erstellung ihrer Cyberstrategie zu helfen. Im Gegensatz dazu treffen die meisten Unternehmen keine präventive Entscheidung zur Entwicklung einer Cyberstrategie. Dies resultiert zumeist aus der Unterschätzung des Themas, der Komplexität sowie an gebundenen und nicht entsprechend priorisierten Budgets. Siehe Abb. 10.3.

**Nach einem Angriff muss sich ein Unternehmen folgende Fragen stellen:**

- Warum wurde ich angegriffen?
- Wie wurde ich angegriffen?
- Durch wen wurde ich angegriffen?
- Wie kann ich exakt diesen und weitere Angriffe vermeiden?

Eine Umfeldanalyse kann zur Beantwortung dieser Fragen hilfreich sein. Kein Unternehmen existiert ohne äußere Beeinflussung. Mit der Umfeldanalyse werden diese äußeren Einflussfaktoren (Cyberbedrohungslage, geopolitische Veränderungen, technologische Innovation, neue Kriminalitätsfelder und veränderte Wettbewerbssituationen) aufgezeigt, damit ein Unternehmen eruieren kann, wie sich diese Faktoren zukünftig entwickeln werden.

**2. Strategische Ziele:**
Im zweiten Schritt müssen auch messbare und langfristige (5 Jahre) strategische Ziele festgelegt werden. Diese muss jedes Unternehmen für sich selbst festlegen. Es muss auch

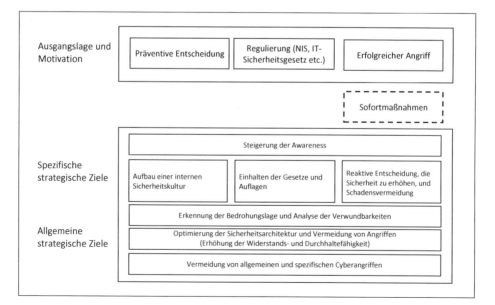

**Abb. 10.3** Gründe für die Entwicklung einer Cyberstrategie

geregelt werden, ob externe Unterstützung benötigt wird und das Budget (Ressourcen und Finanzierung) festgelegt werden. Es gibt allgemeine Ziele, die für nahezu alle Unternehmensklassen und -größen identisch sind sowie unternehmensspezifische Ziele, die durch Branche, Größe und die jeweiligen regionalen Tätigkeitsräume bestimmt werden.

Die Ziele müssen erreichbar, messbar und kontrollierbar sein. Hierbei liegt die größte Herausforderung, da Ziele langfristig stabil und von äußeren Einflüssen unabhängig sein müssen. Falsch definierte Ziele innerhalb einer Cyberstrategie reduzieren weder die Risiken noch erhöhen sie die Widerstandsfähigkeit gegen Cyberangriffe.

### 3. Strategieentwicklung:

Aufgrund der strategischen Zielsetzung müssen geeignete Handlungsfelder und Maßnahmen definiert werden, die bedarfsgerecht auf das jeweilige Unternehmen ausgerichtet werden. Zur Illustration werden in Abb. 10.4 generische Handlungsfelder (**Prävention**: Risikomanagement, **Reaktion**: Incident- und Krisenmanagement, **Stabilisation**: Kontinuitätsmanagement) und mögliche Maßnahmen (diese müssen bei der eigentlichen Strategieentwicklung bedarfsgerecht auf das Unternehmen ausgerichtet werden) aufgezeigt.

### 4. Strategieumsetzung:

Nachdem die Cyberstrategie entwickelt wurde, sollte ein Umsetzungsplan erstellt werden. Im Umsetzungsplan müssen die Rollen und Zuständigkeiten projektbezogen definiert und eine Roadmap mit Zeitplan enthalten sein. Des Weiteren braucht es ein strategisches Komitee (Lenkungsausschuss) mit den wichtigsten Akteuren und den Umsetzungsverantwortlichen aus allen beteiligten Bereichen sowie ein strategisches Controlling, das den zielorientierten und termingerechten Fortschritt der Umsetzung der Maßnahmen überwacht.

| Handlungsfelder | Maßnahmen | Meilensteine |
|---|---|---|
| 1. Risikomanagement und Bedrohungslage | 1.1: Organisatorische und technische Verwundbarkeitsanalyse<br>1.2 Externe, geopolitische Bedrohungslage<br>1.3: Maßnahmenkatalog zur Reduktion der Verwundbarkeit | 1.1.1:<br>... |
| 2. Incidentmanagement (technisch) | 2.1: Detektion von Angriffen<br>2.2: Forensik (forensische Analysen)<br>2.3: Management eines Sicherheitsvorfalls (Incident-Handling)<br>2.4: Technische Ad-hoc-Maßnahmen<br>2.5: Katalog technischer Schutzmaßnahmen | 2.1.1:<br>... |
| 3. Krisenmanagement (geschäftlich) | 3.1: Definition von Verantwortungen<br>3.2: (Externe) Schnittstellen und Krisenkommunikation<br>3.3: Organisatorisches und technisches Business Continuity Management | 3.1.1:<br>... |
| 4. ... | 4.1:<br>... | 4.1.1:<br>... |

*Strategie und strategische Ziele* — *Umsetzungsplan*

**Abb. 10.4**  Generische Handlungsfelder und Maßnahmen für eine Cyberstrategie

Mit diesen Schritten haben Sie nun die Strategieentwicklung abgeschlossen und die Strategieumsetzung definiert.

▶▶    Hier fängt die Arbeit erst an, denn die Strategie muss den Mitarbeitern klar und
      verständlich vermittelt und konsequent umgesetzt werden.

**5.  Mögliche Projektorganisation:**
In Abb. 10.5 werden mögliche Projektorganisationen aufgezeigt. Mittelständische Unternehmen fassen die Ebenen Steuerungsausschuss und Lenkungsausschuss häufig zusammen, wie auch das Programm-Management und die Projektleitung. Somit wird der Projektaufwand der Unternehmensgröße entsprechend angepasst.

Das Projekt Cyberstrategieentwicklung sollte organisiert und budgetiert sowie ein Zeitplan dafür festgelegt und in einer Roadmap visualisiert werden.

Im folgenden Kapitel werden mögliche Lösungsansätze und konkrete Maßnahmen vorgestellt, die zur Erhöhung der Cybersicherheit führen.

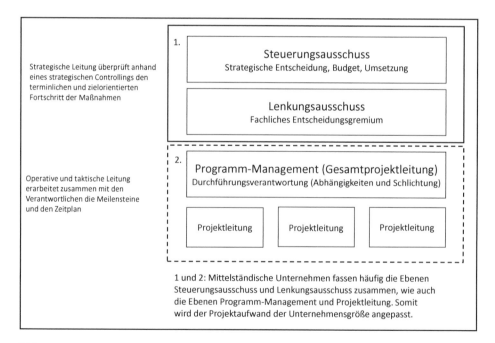

**Abb. 10.5**  Mögliche Projektorganisation für die Entwicklung und Umsetzung der Cyberstrategie

# Literatur

1. von Clausewitz Carl (2001), Strategie denken, Carl Hanser Verlag München, S. 37.
2. Sun Tsu (2015), Die Kunst des Krieges, 15. Auflage, Nikol Verlag München.
3. Ansoff Harry Igor (1965), Corporate Strategy, McGraw-Hill Inc New York.
4. Mintzberg Henry, Ahlstrand Bruce, Joseph Lampel (2009), Strategy Safari, Pearson Education Limited, Second Edition Great Britain und Mintzberg Henry, Lampel Joseph, Quinn Brian James, Ghoshal Sumantra (2014), The Strategy Process, Pearson Education Limited, Fifth Edition, Great Britain.
5. Mintzberg Henry, Ahlstrand Bruce, Lampel Joseph (2009) Strategy Safari. Pearson Education Limited, Second Editions, Great Britain.
6. Haake Klaus und Seiler Willi (2012), Strategie-Workshop, Der Strategieprozess, 2 Auflage, Schäfel/Poeschel Verlag Stuttgart, S. 1.

# Entwicklung und Umsetzung von Maßnahmen zur Erhöhung der Cybersicherheit

**Zusammenfassung**

Es gibt im Wesentlichen zwei Arten von Angriffsmethoden, 1) die, die sofort bemerkt werden, wie z. B. ein DDoS-Angriff oder der Einsatz von Ransomware (Erpressungstrojaner) oder 2) die, die erst später oder nie bemerkt werden (Spionagetrojaner). Cyberangriffe haben je nach gewünschtem Ziel unterschiedliche technische Methoden, die jedoch immer einem generischen Muster folgen. Welche Art des Cyberangriffs gewählt wird, entscheidet über die Abwehrmaßnahmen, die jeweils individuell getroffen werden müssen. Das Verständnis des generischen Vorgehens hilft bei der Entwicklung eines Maßnahmenkatalogs, der Angriffe vermeiden hilft oder deren Auswirkungen reduziert. Ein Cyberangriff lässt sich in die folgenden generischen Phasen unterteilen: Vorbereitungsphase, Reaktionsphase, Nutzungs- und Tarnphase. In der Vorbereitungsphase wird der Angreifer versuchen, alle notwendigen Informationen für die Durchführung des Angriffs zu beschaffen. Dazu wird die gesamte Zielumgebung ausspioniert. In der Angriffsphase werden dann technische Mechanismen benutzt, die den Zugang zu IT-Systemen des Opfers ermöglichen. In den meisten Fällen sind dies Trojaner, die über USB-Speichersticks, E-Mails oder sonstige Medien in das System eingebracht werden. In der Nutzungs- und Tarnphase übernimmt der Angreifer administratorische Fähigkeiten der IT-Systeme und kann dadurch auf alle Informationen von außen zugreifen. Gegen Cyberangriffe, die nach einem generischen Muster ablaufen, sollten vorab geeignete Maßnahmen entwickelt werden, damit bereits bekannte Cyberangriffe nicht durchführbar sind und das Unternehmen auf weitere Cyberangriffe vorbereitet ist. Diesbezüglich gibt es ebenfalls drei generische Phasen, die als allgemeingültig gelten können: die Präventionsphase, die Reaktionsphase und die Stabilisationsphase. Welche möglichen Maßnahmen getroffen werden können, um die Cybersicherheit zu erhöhen, wird in diesem Kapitel beschrieben.

© Springer Fachmedien Wiesbaden GmbH 2017

M. Bartsch, S. Frey, *Cyberstrategien für Unternehmen und Behörden*,

DOI 10.1007/978-3-658-16139-2_11

Cyberangriffe haben je nach gewünschtem Ziel des Angriffs unterschiedliche technische Methoden, die jedoch immer einem generischen Muster folgen. Die Angriffsmethode entscheidet maßgeblich über die Maßnahmen, die jeweils getroffen werden müssen. Das Verständnis des generischen Vorgehens hilft bei der Entwicklung eines Maßnahmenkatalogs, der Angriffe vermeiden hilft oder deren Auswirkungen reduziert.

## 11.1    Typischer Cyberangriff

Es gibt zwei unterschiedliche Vorgehensmuster von Angriffen: solche, die man sofort bemerkt (Erpressungstrojaner), und Angriffe, die erst sehr viel später oder gar nicht feststellt werden (z. B. Spionagetrojaner). Die eingesetzten Technologien und der jeweilige Aufwand zur Durchführung des Angriffs sind unterschiedlich und müssen daher auch differenziert betrachtet werden.

Abb. 11.1 zeigt den Ablauf und die Infektionsrate eines Cyberangriffs von der Primärinfektion über die erweiterte Infektion und Masseninfektion bis hin zur Infektion der Server und Fachanwendungen.

**1) Angriffe, die sofort bemerkt werden, wie z. B. ein DDoS-Angriff oder der Einsatz von Ransomware (Erpressungstrojaner):**

Angriffe, die direkt detektiert werden, haben im Regelfall eine zugrunde liegende Erpressung sowie eine kurzfristige Sabotage zur Folge. Hierbei geht es darum, Websites, Gateways oder Shopsysteme so mit Anfragen zu überhäufen, dass deren Funktion nicht mehr

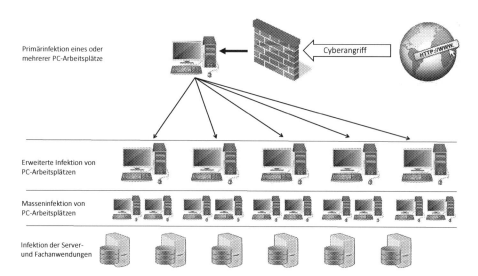

**Abb. 11.1**  Beispiel eines Cyberangriffs

gegeben ist bzw. die Nutzdaten wie Bilder, Dokumente etc. auf den Computern der Opfer verschlüsselt werden. Durch Zahlung von Erpressungsgeldern stellt der Angreifer den Angriff im Allgemeinen ein oder stellt eine Software zur Wiederherstellung der Daten zur Verfügung. Weitere Angreifer werden jedoch dadurch nicht abgehalten, die gleiche Angriffsart durchzuführen. Erpressungen sind relativ einfach zu erkennen, da es meist ein Erpressungsschreiben via E-Mail oder Post gibt und eine direkte, einseitige Täterkommunikation stattfindet. Bei DDoS-Attacken beweisen die Täter häufig zuerst, dass sie in der Lage sind, den angekündigten Angriff auch durchzuführen. Ein Ultimatum gibt dem Opfer dann Zeit, auf die Forderung einzugehen. Viele Geschädigte zahlen bereits bei der Ankündigung der DDoS-Attacke, aus Angst, einen Schaden zu erleiden.

2) **Angriffe, die man erst sehr viel später oder gar nicht feststellt wie z. B. Spionagetrojaner**:

Ein Cyberangriff mit dem Ziel, ein Unternehmen oder eine Behörde auszuspionieren, wird in den meisten Fällen einem gegensätzlichen Tatmuster folgen. Ohne einen direkten Innentäter muss der Angreifer von außen versuchen, Zugang zu den IT-Systemen zu erlangen. Dazu werden meistens USB-Speichermedien oder am einfachsten infizierte E-Mail-Dateianhänge verwendet, die für den ahnungslosen Nutzer häufig einen fachlichen Bezug haben, der schwer als Angriffsversuch zu erkennen ist. Über die Infektion wird die Kontrolle über den infizierten PC-Arbeitsplatz übernommen. Durch eine sogenannte Rechteeskalation wird in einem zweiten Schritt versucht, an höherwertige Zugangsdaten zu gelangen. Dieses Vorgehen wird solange fortgesetzt, bis die zentralen Server zur Nutzerverwaltung und die Anwendungsserver erreicht sind. Von dort aus werden ausgehende Verbindungen aufgebaut, um Daten abfließen zu lassen. Darüber hinaus ergreift der professionelle Angreifer Maßnahmen, die dazu beitragen, nicht bemerkt zu werden. Dieses erschwert das Detektieren von Infektionen. Nach diesem Angriffsmuster gibt es Fälle von Infektionen, die über lange Zeiträume nicht oder sogar nie bemerkt wurden.

Hierzu werden technisch hochkomplexe Methoden benutzt, die eine besondere Aufklärung notwendig machen. Der durchschnittliche Zeitraum bis zur Erkennung liegt heute ungefähr zwischen 200 und 500 Tagen [1]. Das hierzu benötigte technische Fachpersonal ist kaum verfügbar, da es zum einen kaum aktiven Erfahrungsschatz gibt und zum anderen das Wissen schwer prüfbar ist. Dies bedeutet wiederum, dass die forensische Analyse langwierig und kostenintensiv sein wird. Nach Abschluss der forensischen Analyse kann ein Maßnahmenplan zu Bereinigung und Wiederherstellung der Systeme erstellt werden. Die forensische Analyse dauert zwischen 2 und 6 Monaten und hat das primäre Ziel, genau diesen Angriff nicht noch mal durchführbar zu machen. Auf dieser Basis werden die technische Bereinigung und die Wiederherstellung der Systeme geplant. Diese Phase dauert je nach Komplexität des Angriffs und Infektionsgrad der betroffenen Systeme ebenfalls weitere Monate bis zu über einem Jahr. Häufig müssen Schutzmechanismen erst entwickelt werden; somit kann es passieren, dass Systeme isoliert oder extern geschützt werden müssen oder dass die Netz- und Systemarchitektur verändert werden muss.

Im Rahmen von Sofortmaßnahmen muss die Arbeitsfähigkeit systemkritischer Unternehmensteile sichergestellt werden, auch unter der Annahme, dass die aktive Spionage weiterhin durchgeführt wird. Die Phase der Bereinigung läuft dazu parallel und kann je nach Reifegrad des IT-Betriebes und möglichen Abstellzeiträumen (Herunterfahren und Bereinigen der Systeme) zwischen einem und mehreren Jahren in Anspruch nehmen.

➤     Der Angreifer kontrolliert bis zur Detektion und Bereinigung die IT-Systeme, den Datenbestand und die Fachprozesse des Opfers.

| Dauer eines Cyberangriffs | |
| --- | --- |
| Detektion | 7,5 Monate (229–469 Tage) |
| Forensische Analyse | 2–6 Monate |
| Bereinigung und Wiederherstellungsplanung | 6–12 Monate |
| Umsetzung | 12–xx Monate |
| Total | 27,5–xx Monate |

Ein Cyberangriff lässt sich in die folgenden generischen Phasen unterteilen:

**Vorbereitungsphase:**
In der Vorbereitungsphase wird der Angreifer versuchen, alle notwendigen Informationen für die Durchführung des Angriffs zu beschaffen. Dazu wird die gesamte Zielumgebung ausspioniert. Mit der sogenannten Open-Source Intelligence werden alle öffentlichen Quellen ausgewertet; dazu zählen Webseiten, Pressemitteilungen, Jahres- und Bilanzberichte, Veranstaltungen, auf denen Mitarbeiter sprechen (z. B. Messen und Konferenzen) und soziale Medien wie Karriere-Netzwerke, in denen Mitarbeiter Artikel schreiben oder technische Fragen stellen. Darüber hinaus wird versucht herauszufinden, welche technischen Infrastrukturen verwendet werden, um den Angriff technisch zu präzisieren.

**Angriffsphase:**
In der Angriffsphase werden technische Mechanismen benutzt, die den Zugang zu IT-Systemen des Opfers ermöglichen. In den meisten Fällen sind dies Trojaner, die über USB-Speichersticks, E-Mails oder sonstige Medien in das System eingebracht werden. Ist dieses gelungen, wird versucht, weitere Rechte im System zu erlangen, und zwar solange, bis das eigentliche Ziel erreicht worden ist. Sobald der Angreifer den Zugang erlangt hat, startet die Nutzungs- und Tarnphase.

**Nutzungs- und Tarnphase:**
In der Nutzungs- und Tarnphase übernimmt der Angreifer administratorische Fähigkeiten der IT-Systeme und kann dadurch auf alle Informationen von außen zugreifen. Diese dienen dann

der Wirtschafts- oder Industriespionage oder einer nachgelagerten Erpressung, da die erlangten Informationen Dritten nicht zur Verfügung gestellt oder veröffentlicht werden sollten.

⯈    Sollte es bekannte und einsetzbare Methoden wie Hard- und Softwaresysteme geben, um einen solchen Angriff zu vermeiden, sollten diese eingesetzt werden. Jedoch kann dies meist nur mit aufwändigen IT-Projekten durchgeführt werden. Für viele Angriffe sind keine Schutzmechanismen vorhanden und müssten erst entwickelt werden; in dieser Zeit bleiben nur zusätzliche Absicherungsmaßnahmen und erweiterte Beobachtungen des Systems als Ansatz übrig. Alle Maßnahmen greifen jedoch nicht, wenn der Angriff nicht lückenlos technisch dokumentiert werden kann, hierzu ist eine forensische Analyse zwingend erforderlich. Der Gesamtprozess kann unter Umständen mehrere Jahre andauern und erhebliche Kosten verursachen.

**Beispiel eines Angriffs**

Einem Unternehmen wird an einem Freitagmorgen um 10 Uhr ein eingeschriebener Brief zugestellt. In dem Brief wird gedroht, wichtige Systeme der Informationstechnik nachhaltig zu stören und wichtige Daten zu manipulieren. Es wird eine Forderung zur Zahlung von 10 Mio. Euro gestellt, die auf mehrere internationale Bankkonten verteilt werden sollen. Eine Website im Dark Web ist angegeben, die nur mithilfe spezieller Technologien erreichbar ist und auf der ein Countdown von 96 Stunden läuft und weitere Informationen zu finden sind.

In den nächsten Stunden werden durch gezielte Aktionen die Systeme infiziert, damit beim Nichtnachkommen der Forderungen alle Mechanismen zur Durchführung des Angriffs bereits in den Systemen installiert sind. Der Countdown läuft, und es bleiben am Montagmorgen um 10 Uhr nur noch 24 Stunden, um den Forderungen nachzukommen oder den Angriff abzuwehren. Zur Erhöhung des Drucks auf das angegriffene Unternehmen werden erste Aktionen gestartet, die die Fähigkeiten des Angreifers demonstrieren. Die Leistung im Netzwerk verringert sich zunehmend und die Netzwerkdrucker sind nicht mehr erreichbar. Nach wenigen Stunden werden erste Unregelmäßigkeiten in den zentralen Anwendungen erkannt und die Hotline des PC-Benutzerservices wird durch Anrufe der Mitarbeiter, die Fehler melden, überlastet.

In dieser Situation hat ein betroffenes und unvorbereitetes Unternehmen kaum noch eine Chance zu reagieren. In nahezu allen Fällen kann weder der Forderung nachgekommen werden, noch kann der angedrohte Angriff abgewehrt werden.

Das Beispiel zeigt auf, wie ein gezielter Angriff auf ein Unternehmen aussehen kann. Dadurch, dass sich der Angreifer bemerkbar macht und eine Lösegeldzahlung fordert, lässt sich dieser Cybervorfall primär als Cybercrime einstufen. Jedoch wird das übergeordnete Ziel nicht direkt ersichtlich. Möglicherweise ist die Forderung eine Ablenkung und es steht die Manipulation von Daten im Vordergrund oder ein zu provozierender Reputationsverlust.

Hierzu ist eine aktuelle Umfeldanalyse zum Zeitpunkt des Angriffs durchzuführen. Eine Problemerfassung wird den Angriff analysieren und das weitere Vorgehen strukturieren. Neben der technischen Analyse geht es darum, zu verstehen, warum der Angriff überhaupt durchgeführt wurde. Stehen Verkäufe, Akquisitionen, Großaufträge oder sonstige Geschäftsvorgänge an, so könnten die Angriffe in einem direkten Zusammenhang dazu stehen. Ist man ein relevanter Lieferant für ein anderes Unternehmen und stehen dort solche Veränderungen an, so kann der Angriff indirekt durchgeführt werden und das eigentliche Ziel ist ein Kunde oder ein Lieferant des angegriffenen Unternehmens. Der Angriff wird sozusagen über Bande gespielt. Ohne entsprechende Vorplanung und Vorbereitung auf die unterschiedlichen Methoden, Muster und Strukturen wird ein solcher Angriff nicht erfolgreich abgewehrt werden können. Die Entwicklung von Maßnahmen zur Erhöhung der Cybersicherheit ist somit das wichtigste Element in der Entwicklung einer Cyberstrategie.

## 11.2   Maßnahmenentwicklung

Gegen Cyberangriffe, die nach einem generischen Muster ablaufen, sollten vorab geeignete Maßnahmen entwickelt werden, damit bereits bekannte Cyberangriffe nicht durchführbar sind und das Unternehmen auf weitere Cyberangriffe vorbereitet ist. Diesbezüglich gibt es drei generische Phasen, die als allgemeingültig gelten können: die Präventionsphase, die Reaktionsphase und die Stabilisationsphase.

**Präventionsphase:**
Maßnahmen, die verhindern, dass ein Cyberangriff mit erheblichen Folgen stattfinden kann. Dazu zählen Maßnahmen wie Awareness und Training, Detektionsfähigkeit von Angriffen, organisatorische und technische Maßnahmen zur Verbesserung der Sicherheit, Bedrohungsanalysen und Lagebeurteilungen sowie Verwundbarkeitsanalysen der kritischen Geschäftsprozesse und -systeme.

**Reaktionsphase:**
Maßnahmen zur Schadensminimierung und raschen Vorfallbearbeitung. Dazu zählen ein effektives Incidentmanagement (technisch), Krisenmanagement (organisatorisch) und eine effektive Krisenkommunikation sowie die Umsetzung von Auflagen (gesetzliche Vorgaben, Meldepflicht, polizeiliche und weitere staatliche Schnittstellen).

**Stabilisationsphase/Kontinuitätsphase:**
 Maßnahmen zur schnellen Bereinigung und Wiederherstellung des Regelbetriebs. Hierbei muss der Angriff so schnell wie möglich abgewehrt und vermieden werden, dass dieser Angriff erneut stattfinden kann. Dazu zählen Kontinuitätsmanagement, Lessons learned (organisatorisch und technisch), die nachhaltige Weiterentwicklung der Sicherheitsarchitektur zur Vermeidung weiterer Angriffe, Weiterbildung der Forensik und die Anpassung bzw. Weiterentwicklung der Cyberstrategie, damit die neuesten Erkenntnisse einfließen können. Siehe Abb. 11.2, 11.3.

An diesem Punkt können für jedes Handlungsfeld geeignete Maßnahmen entwickelt werden, die dann unternehmensspezifisch angepasst werden (siehe Abb. 11.4).

**Abb. 11.2**  Cyberstrategie als
Bindeglied zwischen
Prävention-Reaktion-
Stabilisation

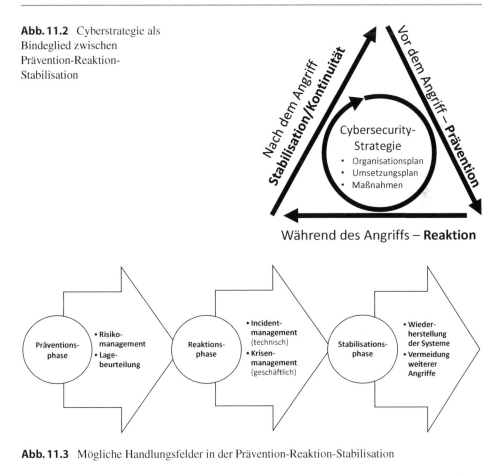

**Abb. 11.3**  Mögliche Handlungsfelder in der Prävention-Reaktion-Stabilisation

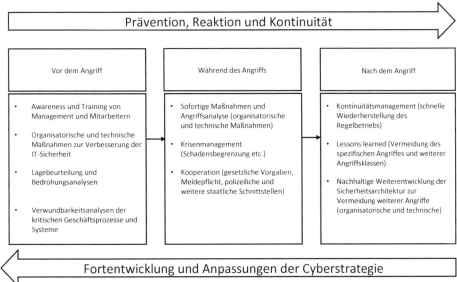

**Abb. 11.4**  Cybersecurity-Management: Handlungsfelder und Maßnahmen

Um sich dem Thema zu nähern, sollten die richtigen Fragen gestellt und beantwortet werden. Ist man auf diese Fragen nicht vorbereitet, sollte die Entwicklung einer Cyberstrategie im Vordergrund stehen.

**Allgemeine Fragestellungen zu Cyberangriffen:**

**Präventionsphase (vor dem Angriff):**

- Besteht die Möglichkeit, einen solchen Angriff zu erkennen?
- Welche Folgen kann dieser Angriff haben?
- Existiert ein Krisenmanagement, das im Falle eines Angriffs über alle Unternehmensbereiche hinweg wirken kann?
- Besteht ggf. die Möglichkeit, den Angriff zu stoppen?
- Ist das IT-Management auf die kontinuierliche Verbesserung der IT-Sicherheit ausgerichtet?
- Gibt es Präventionsmaßnahmen zur Vermeidung von zukünftigen Angriffen durch Awareness im Management und unter den Mitarbeitern?
- Existieren organisatorische und technische Maßnahmen zur Verbesserung der IT-Sicherheit?
- Bestehen eine Lagebeurteilung und Bedrohungsanalysen?
- Gibt es Verwundbarkeitsanalysen der kritischen Geschäftsprozesse und Systeme?

**Reaktionsphase (während des Angriffs):**

- Kann der Angriff selbst forensisch analysiert werden?
- Falls nein: Gibt es Dienstleister, die den Angriff forensisch analysieren können?
- Existiert ein technischer und organisatorischer Notfallplan?
- Besteht ein Krisenmanagement?
- Sind die staatlichen Schnittstellen (Polizei, Regulatoren, technische Behörden wie das BSI etc.) bekannt?
- Gibt es Systeme zur digitalen Spuren- und Beweissicherung?

**Wiederherstellungsphase/Kontinuitätsphase (nach dem Angriff):**

- Wie wird sichergestellt, dass genau *dieser* Angriff nicht noch einmal durchgeführt werden kann und ähnliche Angriffsklassen ausgeschlossen werden?
- Gibt es eine nachhaltige Weiterentwicklung der technischen und organisatorischen Sicherheitsarchitektur zur Vermeidung weiterer bekannter Angriffe?
- Fließen die Erkenntnisse aus diesem Vorfall in die Anpassung der Cyberstrategie ein?

## 11.2.1 Szenariobasierte Übungen als Basis künftiger Entscheidungen

Aus diesen Fragestellungen können dann konkrete Maßnahmen abgeleitet werden. Szenariobasierte Trainings haben sich in der letzten Zeit als wirksames Instrument zur Identifikation von organisatorischen Schwachstellen und damit zur Strategieentwicklung etabliert. Anhand der Übungsresultate können das Incident- und das Krisenmanagement aufgebaut oder verbessert sowie Awarenessprogramme und Trainings für das Management und die

Mitarbeiter geplant werden. Die generellen Maßnahmen (auf Massenphänomene ausge-richtet) müssen regelmäßig geübt werden; die szenariobasierten Übungen werden unter-nehmensspezifisch weiterentwickelt. In den Bereichen Hilfeleistung und Unterstützung sowie Rechtsbeistand und Versicherbarkeit sind die Erfahrungswerte noch rudimentär und werden sich nach den zukünftigen Erfahrungen weiterentwickeln.

Es gibt zwei Arten von Szenario-Management, das sogenannte Table-Top und War Gaming:

Bei Table-Top-Simulationen [2], auch Konfliktsimulation genannt, wird die Ausgangs-lage eines Cyberangriffs beschrieben, und die Teilnehmer erarbeiten Maßnahmen zur Pro-blemerfassung, zur Lösungsentwicklung und zu Kommunikationsstrategien, um das Schadensmaß und die Auswirkungen des Angriffs zu minimieren. Beim War Gaming wer-den lageverändernde Injects [3] eingespielt und somit die Intensität und Komplexität der Übung erhöht. Das War Gaming ist eine strategische Simulationsübung, bei der die Teil-nehmer in ihrem Aufgabengebiet agieren und Entscheidungen vor diesem Hintergrund tref-fen. In der Regel werden für das War Gaming ein bis zwei aktive Tage eingeplant, da die lageverändernden Injects zeitintensiv in der Bearbeitung sind. Die Vorbereitungszeit für die aktiven Übungstage richtet sich nach der Komplexität und dem Anspruch des durchführen-den Unternehmens. Ein Table-Top wiederum kann auch in wenigen Stunden geübt werden, da hier spezifische Problemstellungen im Vordergrund stehen wie z. B. das Krisenmanage-ment im Falle des Ausfalls einer Fachanwendung. Table-Top-Szenarien werden häufig in einem War Gaming als Teilproblem erkannt und dann gesondert als Übung ausgearbeitet.

Bei beiden Übungsarten geht es darum, dem Management und den verantwortlichen Mitarbeitern aus den relevanten Bereichen einer Organisation ein Verständnis der Cyber-risiken zu vermitteln und auf unternehmensrelevante Krisen vorzubereiten sowie die benötigten Methoden aufzuzeigen, um zukünftig einen Cyberangriff und eine daraus resultierende Krise schneller und effizienter zu bearbeiten.

**Eine Übung dient der Entwicklung von Fähigkeiten und kann sich in folgende Schritte gliedern:**

- Problemerfassung (wo stehen wir, wohin wollen wir?)
- Beurteilung der Lage (Fakten, Chancen und Risiken, Konsequenzen)
- Einleiten von Sofort- und Sondermaßnahmen
- Entwicklung von Sicherheitsmaßnahmen
- Krisenkommunikation

**Konsequenzen der Übung:**

- Anpassung des Incident- und Krisenmanagements
- Entwicklung einer Cyberstrategie (basierend auf den generischen Phasen)
- Einführung eines Monitorings und eines strategischen Controllings
- Regelmäßiges Durchspielen von Übungen
- Bei Bedarf Anpassung der Cyberstrategie, der Maßnahmen, der Abläufe und Struktu-ren entsprechend den Erkenntnissen aus den Übungen.

**Reaktionsphase**

Bei der Reaktionsphase braucht es ein Incident- und Krisenmanagement. Beide sind aber nur effizient, wenn Cyberangriffe detektiert werden. Bei vielen Unternehmen und Behörden, die in der Vergangenheit Opfer eines Cyberangriffs geworden sind, hat es trotz guter Schutzmechanismen in der IT-Sicherheit zum Teil lange gedauert, bis ein Angriff entdeckt wurde. Wie viele Angriffe nicht entdeckt werden, ist immer noch unklar. Daher bemühen sich alle staatlichen Organisationen, dieses Dunkelfeld von Straftaten zu verringern. Bei den Massenphänomenen mit dem Ziel, einen finanziellen Vorteil zu erlangen ist ein Incident- und Krisenmanagement zentral, damit der Vorfall schnellstmöglich behoben wird und die Erkenntnisse in die Präventionsphase einfließen können.

Das Erkennen von Cyberangriffen ist ein zentraler Aspekt des Incidentmanagements. Bei einem verdeckten Cyberspionage-Angriff steht die Attribution, also der Beweis des Angriffs durch einen Staat oder Wettbewerber, im Vordergrund.

## 11.2.2  Awareness und Training

Den Mitarbeitern auf allen Ebenen und in allen Funktionen muss bewusst sein, wie digitale Straftaten ausgeführt werden. Dazu müssen Maßnahmen entwickelt werden, die das Bewusstsein und die Aufmerksamkeit für solche Straftaten erhöhen. Durch die technische Komplexität, das Vertuschen und Verschleiern von Aktivitäten, die sich nachteilig auf eine Organisation auswirken, wähnt sich das Unternehmen häufig in falscher Sicherheit oder handelt in gut gemeinter Absicht (unabsichtlicher Innentäter). Davon sind nicht nur Mitarbeiter betroffen, sondern auch das IT-Fachpersonal und die Führungskräfte, und vor allem das obere und das Top-Management wird immer häufiger Opfer von Cyberstraftaten. Die Angreifer entwickeln mit innovativer Kreativität immer neue Straftatmuster. Aber auch Wettbewerber und vor allem „spionierende" Staaten nutzen die digitalen Technologien, um schnell, einfach und gezielt an Informationen zu gelangen.

Bei vielen Cybervorfällen wird bei der nachträglichen Aufarbeitung durch Spezialisten und Forensiker festgestellt, dass die Tatmuster bereits generell bekannt waren und dass bei hinreichender Schulung und Ausbildung der Mitarbeiter der verwendete Infektionsweg hätte verhindert werden können. Selbst das IT-Fachpersonal aus Unternehmen und Behörden hat häufig bei Awareness-Trainings ein Aha-Erlebnis, da bei den Teilnehmern das Wissen über kreative Angriffsmethoden meistens nicht vorhanden ist oder deren Gefahr aufgrund bereits installierter Sicherheitssysteme unterschätzt wird. Ein Awareness-Programm muss daher anwender- und ebenengerecht entwickelt und umgesetzt werden. Dazu ist es notwendig, bei Bekanntwerden neuer Tat- und Angriffsmuster schnell auf diese zu reagieren und die Mitarbeiter zu informieren und zu schulen.

Damit ein Awareness-Programm erfolgreich ist, sind unterschiedliche Lernebenen zu adressieren. Dabei spielen neben dem Vermitteln der Sinnhaftigkeit die Wissensvermittlung und das Üben anhand von Szenarien und praktischen Aufgaben die wichtigste Rolle. Damit die Wissensvermittlung ihr Ziel erreicht und die praktischen Übungen auch ernst genommen werden, sollten Anreize geschaffen werden, damit sich alle Mitarbeiter auch mit der notwendigen Sorgfalt mit dem Thema auseinandersetzen. Die Erfahrung zeigt, dass das Top-Management sich gerne innerhalb von 20 Minuten informieren lässt, aber kaum selbst in Erwägung zieht, sich einem Awareness-Training zu unterziehen. Der Vorwurf ist nicht allein dem Management zu machen, sondern auch der Tatsache, dass für die oberste Ebene kaum Schulungen zur Verfügung stehen. Als Trainingsmethode für die obere Führungsebene könnte sich hierbei das Szenario-Management etablieren.

Da weder Normen noch Regularien die Awareness definieren, wird im Folgenden eine Definition aus den erprobten Methoden und Formaten abgeleitet.

▶ **Security Awareness** ist der Prozess einer methodischen, dauerhaften und nachhaltigen Bewusstseinsbildung bei allen Beschäftigten zum Thema Informationssicherheit mit dem Ziel, eine gelebte Sicherheitskultur zu etablieren und Cyberrisiken zu minimieren.

Die Aufgaben von Security Awareness-Programmen sind:

• Vermittlung von Sicherheitsregeln und -aufgaben (Policies and Procedures),
• Vermittlung der Ziele der Informationssicherheit,
• Vermittlung der Wirksamkeit des eigenen Verhaltens,
• Vermittlung von Kompetenzen bei allen Beschäftigten hinsichtlich der praktischen Anwendung von Sicherheitsregeln innerhalb des Arbeitsalltags,
• Unterstützung von Führungskräften, damit diese ihren Aufgaben als Security-Vorbild und -Multiplikator gerecht werden können.

Die Schlüsselfaktoren der Security Awareness weisen Überschneidungen zum Bildungsmanagement in den Unternehmen, der allgemeinen Sicherheitskommunikation sowie zum Veränderungsmanagement auf. Das Wichtigste ist und bleibt das regelmäßige Trainieren und Üben anhand aktueller Bedrohungslagen und darauf abgestimmter Szenarien. Im Falle eines Angriffs werden die Awareness-Maßnahmen sonst nicht oder nur bedingt helfen.

## 11.2.3 Versicherbarkeit

Die Versicherungswirtschaft hat spezielle Versicherungsmodelle entwickelt, die im Fall von Cyberangriffen und weiteren Risiken der IT Technologien den eingetretenen Schaden regulieren. Cyberversicherungen sind ein neues Geschäftsfeld, für das es noch keine Datenbasis zur Ermittlung von kundenspezifischen Risiken gibt. Somit sind die klassischen Modelle zur Risikoerfassung, welche zur Ermittlung der Risiken die Eintrittwahrscheinlichkeit und das Schadensausmaß bemessen nicht zielführend bei Cyberrisiken. Es ist damit zu rechnen, dass die grundlegenden Risikomodelle sich wandeln werden und damit auch die Versicherungsbedingungen. Die Versicherungspolicen sind unternehmensspezifisch und sollten nach eigenem Bedarf mit den Versicherungsanbietern verhandelt werden.

**Beispiel aus der Praxis**

**Cyber-Risiken: Das Bewusstsein der Unternehmen steigt, aber das individuelle Risiko ist oft unklar. Unternehmen werden sich der Gefährdung durch Cyber-Risiken immer bewusster. Vielfach können sie die konkrete Gefährdungslage jedoch nicht richtig einschätzen und sind nach wie vor nicht ausreichend vorbereitet.**

Laut dem von Marsh, einem weltweit führenden Industrieversicherungsmakler und Risikoberater, veröffentlichten *Continental European Cyber Risk Survey Report 2016*, sehen 69 Prozent der befragten kontinentaleuropäischen Unternehmen die größten Bedrohungen in Betriebs- bzw. Systemstörungen (33 Prozent) und in menschlichem Versagen (36 Prozent), wozu beispielsweise Datenmissbrauch resultierend aus dem Verlust von mobilen Geräten gehört. Mehr als 24 Prozent nannten Betriebsunterbrechungen, 19 Prozent den Verlust von Kundendaten als größte Risiken im Hinblick auf das Schadenausmaß. Bei einem Drittel gehören Cyber-Risiken zu den Top-5-Risiken des Unternehmens, dennoch haben nur 40 Prozent der Unternehmen Schätzungen über die möglichen finanziellen Folgen eines Cyber-Schadens angestellt. Noch immer stufen die Unternehmen die Sicherheit ihrer Daten und Prozesse als Angelegenheit der IT-Abteilung ein, nur 14 Prozent siedeln das Thema in der Chefetage an.

**Situation in Deutschland:** In Deutschland gaben mit 25 Prozent fast doppelt so viele Unternehmen wie im Vorjahr an, Opfer einer Attacke geworden zu sein. Die Dunkelziffer derjenigen Unternehmen, die den Angriff nicht bemerkt haben, dürfte jedoch um ein Vielfaches höher liegen. Ein weiteres zentrales Ergebnis: 27 Prozent der teilnehmenden Firmen erklärten, organisiertes Verbrechen könnte die größten Auswirkungen auf ihr Unternehmen haben. Zum Vergleich: 2015 waren es lediglich 11 Prozent. Als größtes Cyber-Risiko werden in Deutschland mit 39 Prozent nach wie vor Betriebs- und Systemstörungen betrachtet.

Die Nachfrage nach Cyber-Versicherungen steigt auch in Deutschland weiter: Gegenüber dem Vorjahr gaben von den befragten Unternehmen doppelt so viele an, eine Cyber-Police abgeschlossen zu haben und 35 Prozent planen, in den nächsten 12 Monaten entsprechende Angebote einzuholen. Der Beratungsbedarf ist jedoch weiterhin groß: 61 Prozent können nicht einschätzen, wie hoch der finanzielle Verlust durch eine Cyber-Attacke für sie wäre.

**Fazit:** Die Bedrohung durch Cyber-Angriffe ist für Unternehmen jeder Größe und Branche real und sollte wie alle betrieblichen Risiken analysiert und abgesichert werden. Die Schäden sind so unterschiedlich und komplex, da greift es zu kurz, diesem Problem rein technisch zu begegnen. Entscheidend ist, im Fall der Fälle handlungsfähig zu bleiben. Beim Kauf von Versicherungsschutz sollte daher nicht nur auf die Deckung von Eigen- und Haftpflichtschäden geachtet werden, sondern Versicherungslösungen gewählt werden, die eine sofortige Unterstützung durch IT-Forensiker, Juristen und erfahrene Krisenmanager bieten.

**Dr. Georg Bräuchle,** Marsh GmbH.

*Im Rahmen der europäischen Cyber-Risikobefragung von Marsh wurden die Antworten von über 250 deutschen Unternehmen aus mehr als 15 Branchen ausgewertet.*

Wie im Bericht von Marsh erwähnt, stellen Unternehmen oft keine konkreten Schätzungen über die möglichen finanziellen Folgen eines Cyber-Schadens an und sind sich nicht bewusst, welche Kosten ein Cyberangriff mit sich bringen kann. Der Bitkom hat eine Studie publiziert, die die Kosten eines Schadensfalls anhand eines fiktiven Beispiels darstellt. Dieses Beispiel wird hier verwendet, um die möglichen anfallenden Kosten eines solchen Cyberangriffs darzustellen. Die Marsh GmbH war an der Erstellung der Studie beteiligt.

**APT Angriff mit CEO Fraud auf ein deutsches Unternehmen xy**

Das Unternehmen xy produziert Pumpen, die in Spezialumgebungen arbeiten können und hat zum Ausbau seiner Markposition die Verbindung der Pumpen mit besonderer Sensorsteuerung forciert. Chinesische Pumpenhersteller können inzwischen vergleichbar belastbare Pumpensysteme zu günstigeren Preisen insbesondere in Schwellenländer liefern.

Die Sensorsteuerung ist hingegen eine Weiterentwicklung und ermöglicht es, die Wettbewerbsposition zu halten. Dadurch können die Pumpen über das Serviceportal der xy kommunizieren und Fernwartungen weltweit durchgeführt werden. Außerdem können Softwareupdates eingespielt werden. Die Pumpen sind in der Lage, ihre Haltbarkeit zu erkennen und den anstehenden Austausch vor einem Ausfall durch Beschädigung anzukündigen. Sie können energiesparend auf die jeweiligen Anforderungen im Betrieb gesteuert werden und Spezialbetriebe können sich über die Plattform der xy zur Wartung der Geräte qualifizieren und direkt Wartungsaufträge annehmen. Die Sensorsteuerung erlaubt auch die Verbindung mit anderen Geräten der xy und die abgestimmte Smart-Steuerung eines Hydrauliksystems. Es ist so möglich, im Pumpvorgang Schwellenwerte zu messen und durch die Systeme zu steuern, was die Qualitätskontrollen verbilligt.

Im Rahmen des Geschäftsabschlusses zu einem geförderten Entwicklungsprojekt in Tansania und der Modernisierung einer Schiffbetankungsanlage reist der Geschäftsführer mit einem Ingenieursteam nach Daressalam. Dies postet einer der Ingenieure auf der Facebook-Seite einer Bekannten, die ebenfalls nach Tansania fliegt.

Am ersten Tag der Abwesenheit: Das Office-Management der xy bekommt eine E-Mail, die eine Reisewarnung und Visabestimmungen zu Reisen für Geschäftsleute enthält, scheinbar kommt diese Email von der tansanischen Botschaft in Deutschland und hat im Betreff der Email die Geschäftsreise erwähnt. Diese wird an das Geschäftsführerbüro weitergeleitet und von einer Mitarbeiterin geöffnet. Darin ist ein Link enthalten, der eine Info-Seite mit den Gebieten enthalten soll, die für Reisen, aufgrund akuter Malariagefahr, gesperrt sein sollen. Die Mitarbeiterin öffnet die Seite, woraufhin sich eine Schadsoftware installiert. Die APT Attacke nimmt ihren Lauf und breitet sich im System aus. Innerhalb von zwei Tagen können die Pläne für die Geschäftsreise ausgelesen und auch andere Systeme infiziert werden.

Am dritten Tag erhält ein weiterer Mitarbeiter zunächst eine gefälschte E-Mail von einem der Entwicklungsingenieure, der ankündigt, dass ein Geschäftsabschluss in Aussicht steht und schon mal die Verträge vorbereitet werden sollten, weil eine tansanische Tochtergesellschaft gegründet werden soll, die das Projekt in Tansania durchführen muss. Am nächsten Tag kommt ein Anruf in schlechter Sprachqualität von der Mobilfunknummer des Geschäftsführers. Die Telefonnummer wurde gefälscht (spoofing). Der vermeintliche Geschäftsführer verlangt die dringende Überweisung des Betrages von 500.000 Euro, um die Tochtergesellschaft gründen zu können. Es wird außerdem

Druck ausgeübt und mit einem Verweis auf eine Abmahnung in der Personalakte gedroht. Der Mitarbeiter leitet die Überweisung über die Buchhaltung ein.

Nach der Rückkehr der Reisenden fällt der Schwindel erst auf, als der Mitarbeiter den Geschäftsführer darauf anspricht. Daraufhin werden interne Ermittlungen eingeleitet. Schnell fällt auf, dass die Informationen nur durch eine Cyberattacke abgeflossen sein können. Es wird sich daraufhin die Frage gestellt, ob die Angreifer auch Zugang zum Plattformportal hatten oder sogar ein Softwareupdate der Pumpensteuerung beeinflussen konnten. Die Pumpensysteme sind sowohl in Wasserwerken als auch in Rettungsfahrzeugsystemen, Kühlhäusern und Großklimaanlagen verbaut.

Ein Cyberangriff dieser Art bringt diverse Eigenschäden, Fremdschäden und Präventionskosten mit sich. Die Kosten, die in Tab. 11.1 wiedergegeben werden, sind, wie es in der Bitkom-Studie steht [4], bloße Schätzungen ohne Anspruch auf Richtigkeit und beruhen auf Studienangaben und Schätzungen von IT-Sicherheitsunternehmen, IT-Beratungsunternehmen und Versicherungsexperten, die mit der Bearbeitung derartiger Cybersicherheitsvorfälle ständig betraut sind. Auch ist die Reihenfolge der Kostenpositionen thematisch gewählt und besitzt keine Aussagekraft in Bezug auf Bedeutung, Wichtigkeit oder Chronologie eines Cybersicherheitsvorfalls.

**Tab. 11.1** Geschätzte Kosten und Kostenpositionen aus der Bitkom Fallstudie

| Kostenposition | Beschreibung | Fiktive Kosten in € |
|---|---|---|
| Schaden für die Überweisung | Der Betrag, der überwiesen wurde, ist nur in seltenen Fällen vollständig zurückzuholen. Er wird in diesem Fall zunächst als Schaden zu beziffern sein. Der höchste so erbeutete Betrag belief sich bisher auf 12 Mio. €. | 500.000 |
| Kosten für Produktivitätsausfall | Wenn die Produktionsplattform und die Software der Produkte betroffen sind, fällt bis zur Klärung die Lieferung neuer Produkte aus. Für geschätzte 2 Wochen sind dies bei 20 Mio. Jahresumsatz: | 830.000 |
| Kosten für Qualitätsbeeinträchtigungen bis hin zum Produktionsausfall | Für ausgelieferte Produkte, die durch ein Softwareupdate betroffen sein können, muss eventuell eine Rückruf- oder Patch-Kampagne gefahren werden. | 200.000 |
| Datensicherung des Fehlerfalls (Festplattendatenbestand inkl. Hauptspeicherzustand) zur Nachstellung in einer Testumgebung | Hier müssen sämtliche Systeme des Unternehmens, die befallen sein können, berücksichtigt werden. | 50.000 |

*(Fortsetzung)*

**Tab. 11.1**   (Fortsetzung)

| Kostenposition | Beschreibung | Fiktive Kosten in € |
|---|---|---|
| Fehlersuche und -behebung | Die Malware muss identifiziert und beseitigt werden. | 40.000 |
| Externe Forensik | Die Ermittlung eines komplexen Angriffs erfordert in der Regel externes Forensik-Know-how, das eingekauft werden muss. Dazu laufen Beraterhonorare auf. | 100.000 |
| Gegebenenfalls Neuinstallation des System und Aufsetzpunkt der letzten Datensicherung | Hier müssen die betroffenen Systeme neu aufgesetzt werden, nachdem sie identifiziert wurden. | 40.000 |
| Einleitung eines Notbetriebsverfahrens für Ersatzprozesse und Einberufung eines Notfallteams | In den betroffenen Bereichen muss das Unternehmen Mehrarbeit leisten und die Überstunden müssen abgegolten werden. | 50.000 |
| Schwenk der IT-Systeme und Anwendungen auf einen Ausweichstandort u. a. mit zusätzlichem Personal | Auch während der Notfallphase muss sicher kommuniziert und müssen IT-Systeme benutzt werden. Diese müssen häufig angemietet werden. | 100.000 |
| Einnahmeausfälle, da kritische Anwendungen und IT-Systeme nicht zur Verfügung stehen sowie Kundenabwanderung bei Nichtverfügbarkeit von kritischen Prozessen und Anwendungen | Durch den Angriff können nicht nur bestehende Verpflichtungen nicht mehr erfüllt werden, sondern auch Anfragen zurückgewiesen oder sogar ganz abgesagt werden, da die Lieferzeiten den Kunden zu lange dauern. | 40.000 |
| Sicherstellung des Mittelflusses für den laufenden Betrieb (einschließlich Mitarbeiterkosten, z. B. Überweisung der Gehälter) auch wenn dazu notwendige kritische Systeme (z. B. Lohnabrechnungssystem) ausgefallen sind | Zusätzlich zur Miete der Drittsysteme müssen bestimmte Unterstützungsleistungen des Unternehmens zugekauft werden, weil intern Kapazitäten gebunden sind, sodass vermutlich Zeitarbeiter eingestellt werden müssen. | 200.000 |
| Strafen bei Beeinträchtigung vertraglich zugesicherter Service-Zeiten und -Verfügbarkeiten | Für die Nichtlieferung oder den Ausfall der Pumpen können Vertragsstrafen anfallen. | 200.000 |
| Externe Berater, Krisenstab | Durch die Unternehmenskrise fallen über einen langen Zeitraum Krisenberaterhonorare für die Kommunikationsprofis und Krisenstabsleiter oder Assistenten an. | 100.00 |

*(Fortsetzung)*

**Tab. 11.1** (Fortsetzung)

| Kostenposition | Beschreibung | Fiktive Kosten in € |
|---|---|---|
| Rechtsberatungskosten | Hier fallen für die Abschätzung der Vertragsbeziehungen, der Handlungspflichten und Haftungsrisiken sowie Abwicklung der Prozesse Kosten für externe Anwälte und die Überstunden der eigenen Rechtsabteilung an. | 630.000 |
| Informationskosten | Das Unternehmen muss eventuell die Nutzer der Plattform über die Datenschutzrechtsverletzung (§ 42a Satz 1 BDSG) und auch die Anleger über die Gewinnwarnungen (§ 15 WpHG) informieren. | 40.000 |
| Bußgelder | Durch die Verletzung von Datenschutzvorschriften in Bezug auf die Nutzerplattform können Bußgelder anfallen. | 20.000 |
| Verbesserung der IT-Strukturen | Im Nachgang und zur Krisenbewältigung gehört die Verbesserung der IT-Struktur. Dafür müssen externe Unternehmen beauftragt werden, die IT-Sicherheitskonzepte erstellen, umsetzen und auditieren. | 250.000 |
| Schwachstellenanalyse und -behebung | Nicht nur die IT-Sicherheit muss erhöht werden, auch die Sicherheitsprozesse und Schulungen im Unternehmen müssen verstärkt werden, damit ein Social-Engineering Angriff nicht erneut vorkommt. | 100.000 |
| Personalkosten für Sicherheitsexperten | Das Unternehmen muss qualifiziertes Personal auf dem Markt einkaufen und aufstocken. Auf 2 Jahre gesehen würden hier Kosten auflaufen von: | 250.000 |
| Kosten für Werbung für die Produkte, die in Verruf geraten sein können oder für das Unternehmen und die Marken | Im Rahmen der Reputationskosten sind erhöhte Kosten für Marketing angefallen, die das Unternehmen zuvor gar nicht hatte, weil es von seiner Reputation lebte. | 120.000 |
| Wertkorrekturen durch abfallen des Aktienkurses oder sogar eine dauerhafte Gefährdung der Indizierung in einem Aktienindex | Als die Krise bekannt wird, verkaufen Anteilseigner ihre Anteile, weil sie befürchten, dass die Kosten der Krise sich auf den Wert niederschlagen. | 1.000.000 |

*(Fortsetzung)*

**Tab. 11.1** (Fortsetzung)

| Kostenposition | Beschreibung | Fiktive Kosten in € |
|---|---|---|
| Niedrigere Umsatzzahlen durch Kundenrückgang erfordern Kundenbindungsprogramme | Der Kundenrückgang, der bereits beziffert wurde, muss durch Bindungsprogramme, die die bestehenden Kunden halten sollen, abgefedert werden. | 100.000 |
| Kosten für Markforschung | Marketingkosten entstehen, um eine Aufarbeitung der Krise und Neuausrichtung der Marketingstrategie zu beziffern. | 30.000 |
| Kosten für Imagekampagnen und langfristige Imagestrategien | Die Imagekampagne erfordert die Beratung einer spezialisierten Marketingagentur. | 300.000 |
| Notfall- und Krisenkommunikation | Abgesehen von den obigen Kosten der Kommunikationsprofis entstehen im Krisen- und Notfallmanagement weitere Kosten wie eine Callcenter-Hotline, Hotel- und Verpflegungskosten. | 90.000 |
| Litigation und Vergleichskosten | Einige der Gerichtsverfahren müssen durch Vergleichsangebote abgeschlossen werden. | 300.000 |
| Rückstellungen für weitere Prozesskostenrisiken | Die Möglichkeit einer Verurteilung zu Schadensersatz muss durch Prozesskostenrückstellungen gedeckt werden. | 1.000.000 |
| Preissteigerung in der Versicherungsprämie | Sofern das Risiko versichert ist, entfällt eine Summe auf die Zahlung der Versicherung. Diese führt aber zu langfristigen Preissteigerungen der Prämie. | 200.000 |
| Mitarbeiterbindungsprogramme | Nach Abschluss der Krise muss das Management den Beschäftigten für die Durchhaltephase danken und sie außerdem im Vertrauen auf die Zukunft stärken, um eine Abwanderung zu verhindern. | 50.000 |
| **Mögliche Gesamtsumme** | | **6.625.000** |

Dieser Fall verdeutlicht, wie professionell die Angreifer vorgehen und welche Informationsquellen im Vorfeld genutzt werden. Cyberversicherungen können die daraus resultierenden Schäden zum Teil abdecken. Die Versicherungspolicen der Anbieter sind auf generelle Angriffe abgestimmt, was jedoch berücksichtigt werden muss, sind die Kosten, die individuell in einem Unternehmen anfallen können und welche Kostenblöcke des Angriffs in der Police berücksichtigt sind. Allein das hier dargestellte Beispiel kostet ein Unternehmen mehr als 6 Mio. Euro. Daher ist zu prüfen, welche Versicherungsleistungen für ein Unternehmen wichtig sind. Die Standard-Policen der Anbieter fassen mehrere Risiken und Schadensfälle zusammen, die nicht für jedes Unternehmen zutreffend sind. Auch der maximale Betrag der Versicherungssumme und der Selbstbehalt müssen individuell berechnet werden, da nur exakt zum Unternehmen passende Cyberversicherungen im Schadensfall die nötige Sicherheit bieten. Neben der Versicherbarkeit ist auch der Rechtsbeistand ein wichtiges Element bei der Schadensbewältigung.

## 11.2.4 Rechtsbeistand

Jedes Unternehmen sollte sich im Vorfeld mit der Frage des Rechtsbeistands beschäftigen. Polizeiliche und nachrichtendienstliche Ermittlungen wie auch die Arbeit der Staatsanwaltschaften überfordern viele Unternehmen. Die Strafverfolgungsbehörden sind bemüht bei der Aufklärung von Cyberstraftaten zu helfen, jedoch brauchen Unternehmen auch intern die Fähigkeiten diese Schnittstellen zu bedienen. Dazu sollten im Vorfeld die interne Rechtsabteilung oder externe Anwälte und Berater eingebunden werden.

**Beispiel aus der Praxis**

**Schnittstellen der geschädigten Unternehmungen zur Staatsanwaltschaft**

Die Staatsanwaltschaft führt im Bereich der Strafverfolgung gegen erwachsene Personen strafrechtliche Voruntersuchungen bei Vergehen und Verbrechen durch (Art. 12 Abs. 2 lit. b der schweizerischen Strafprozessordnung (SR 312.0; StPO), Art. 15 Abs. 2 StPO, Art. 17 Abs. 2 StPO). Ziel ist die Aufklärung von Straftaten und Identifikation der Täterschaften. Hierfür erhebt sie die notwendigen Beweise und verfügt bei erfüllten Voraussetzungen Zwangsmaßnahmen (Art. 62 StPO).

Diese Regelungen repräsentieren die Umsetzung des Gewaltmonopols des Staates im Bereich der „klassischen" Strafverfolgung (Gemäss Art. 16 Abs. 1 StPO ist die Staatsanwaltschaft für die gleichmässige Durchsetzung des staatlichen Strafanspruchs verantwortlich). Einprägsames Bild ist die Geschwindigkeitsmessung im Straßenverkehr, wo der strafbare Sachverhalt technisch durch das Messgerät aufgezeichnet und die Täterermittlung mittels Straßensperrung, Anhalteposten und Kontrolle des Führerausweises gewährleistet ist. Davon unterscheidet sich die Strafverfolgung im Internet grundlegend. Einerseits besteht für Internet-Nutzer im Gegensatz zu den motorisierten

Straßenbenützern keine Bewilligungs- und Ausweispflicht. Im Internet bestehen überdies zahllose Anonymisierungsmöglichkeiten. Andererseits ist der staatliche Einfluss auf das Internet im Gegensatz zur öffentlichen, im Eigentum des Staates stehenden Straße vergleichsweise gering. Weder lässt sich das Internet „sperren", noch mittels Zwangsmaßnahmen kontrollieren, zumal das Internet nicht dem Staat „gehört". Wenn auch Eigentum und Besitz des Internets nicht restlos geklärt sind, steht als conclusio wohl fest, dass es im ausschließlichen Einflussbereich der Privatwirtschaft steht [5]. Dies manifestiert sich u. a. darin, dass jede schweizerische Strafverfolgungsbehörde letztlich nichts Anderes ist als ein Anschlussinhaber eines privaten Internet-Zugangsproviders.

Die zu erhebenden Beweise liegen bei den Providern, Serverfarm-Betreibern und Social-Media-Konzernen. Bei der dortigen Erhebung von Beweismitteln werden den Strafverfolgungsbehörden mit dem im Gesetz vorgesehenen Katalog an Zwangsmaßnahmen Grenzen aufgezeigt, wie folgende Beispiele darstellen: Wohl könnten sie sämtliche Server einer Serverfarm beschlagnahmen, wenn sich hinreichende Hinweise verdichten, dass auf den Systemen beweisrelevante Daten gespeichert sind. Die Auswertung derartiger Datenmengen kann aber von keiner Forensik-Abteilung innert nützlicher Frist bewältigt werden. Liegt die Serverfarm im Ausland oder wählt die Unternehmung eine cloudbasierte Speicherlösung, fällt die Möglichkeit schnell verfügter Zwangsmaßnahmen nach dem Landesrecht sofort weg, weil sämtliche Erhebungen auf dem oft langwierigen Weg der Rechtshilfe vorgenommen werden müssen. Zwangsmaßnahmen der inländischen Strafverfolgungsbehörden sind am ausländischen Speicherort der relevanten Daten nicht zulässig (Art. 55 StPO, Art. 299 des schweizerischen Strafgesetzbuches (SR 311.0, StGB)). Ist nicht eruierbar, wo die Daten gespeichert sind, ergibt sich mangels Speicherort kein Anknüpfungspunkt für ein Rechtshilfeersuchen (eine Abkehr vom Anknüpfungspunkt des Speicherortes hin zum Ort der Verfügbarkeit (Sitz, Niederlassung der Unternehmung) ist dringend angezeigt). Da gewisse Unternehmungen ihre Speicherlösungen extern einkaufen, erklären sie gegenüber den anfragenden Behörden glaubhaft, dass sie den aktuellen Speicherort der Daten gar nicht kennen.

Wie soll die moderne Strafverfolgung diesen Problemen begegnen? Wie sollen sich Geschädigte verhalten?

Die Lösung versteckt sich hinter der Abkürzung PPP. Es sind Public-Private-Partnerships anzustreben. Dies bedingt zwar die Anerkennung der Strafverfolgungsbehörden, dass alleine der Einsatz staatlicher Zwangsmittel in der Cybercrime-Strafverfolgung z. T. wenig Wirkung erzeugt. Es eröffnet aber auch die Chance des Schulterschlusses zum Privat-Sektor.

Ist eine Unternehmung von einer Cyber-Attacke betroffen, geht es ihr in erster Linie um das Incident-Handling. Das tangierte Informatik-System muss so schnell wie möglich wieder funktionieren, um das Kerngeschäft zu gewährleisten. Interessen der Strafverfolgung wie Beweissicherung und Täteridentifikation müssen leider oft in den Hintergrund treten. Gewisse Branchen gewichten drohende Reputation-Risiken höher als die Aussicht auf Täterermittlung und sehen von der Erstattung einer Anzeige ab. Wohl ist das Vorverfahren bei der Staatsanwaltschaft geheim, aber ein Hauptverfahren vor Gericht ist den Grundsätzen der Öffentlichkeit unterworfen (Art. 73 f. StPO). Dies gerade auch darum, um eine generalpräventive, abschreckende Wirkung mit einer öffentlich wahrnehmbaren Verurteilung eines Täters zu erzielen.

Dieses Spannungsfeld gilt es zu überwinden. Zwar setzen die Regeln des Strafprozesses strikte Grenzen. Die Rechtstaatlichkeit jedes Strafverfahrens ist oberstes Ziel und klare Grenze zugleich. Aber auch unter diesen Prämissen können und dürfen Formen des Informationsaustausches im Rahmen der Vernetzung gezielt aufgebaut, unterhalten und gepflegt werden. Ein so erwachsendes, gegenseitiges Vertrauen ist ein zentraler Erfolgsfaktor. Eine Unternehmung kann sich vollkommen auf Diskretion einer Strafverfolgungsbehörde verlassen, zumal diese durch das Amtsgeheimnis abgesichert ist (Strafbarkeit der Amtsgeheimnisverletzung; Art. 320 StGB).

Umgekehrt muss die Unternehmung zulassen, dass forensische Spezialisten und Ermittler Einblick in sämtliche tangierten Prozesse und Systeme erhalten. Die Staatsanwaltschaft liefert dem Management die nötigen Verfügungen (Edition im Sinne von Art. 265 StPO, geheime Überwachungsmaßnahmen im Sinne von Art. 269 ff. StPO), während auf technischer Ebene die direkte Kommunikation der Ermittler mit den Informatikern der Unternehmung sichergestellt wird. So fließen Informationen auf mehreren Ebenen, Beweismittel können effizient gesichert, der Auswertungsumfang eingegrenzt und allfällig noch auf den Systemen vorhandene Spuren zeitnah ausgewertet werden.

Der entscheidendste Erfolgsfaktor einer Cybercrime-Untersuchung ist allerdings die Reaktionszeit. Wählt die Unternehmung den Weg einer durch die Rechtsabteilung oder ein externes Anwaltsbüro verfassten Anzeige, vergeht oft wertvolle Zeit bis diese bei der zuständigen Staatsanwaltschaft vorliegt und bearbeitet wird. Spuren und Beweismittel sind im Bereich Cybercrime sehr volatil. Insofern sind kurze Wege via die etablierten Vernetzungskanäle für einen ersten Angriff zu nutzen. Die Staatsanwaltschaft kann durchaus auch ad hoc beigezogen werden. Erst in einem weiteren Schritt entscheidet die Unternehmung, ob sie hinsichtlich einer Strafuntersuchung Weiterungen will. Ist eine SWOT-Analyse positiv, erfolgt eine formelle Anzeige, welche die Eröffnung einer Strafuntersuchung mit sich bringt. Andernfalls platziert die Unternehmung ihr ausdrückliches Desinteresse, was auch bei Offizialdelikten in den überwiegenden Fällen angesichts der tangierten Rechtsgüter (hauptsächlich Vermögen) rechtsgenügende Gründe für eine Einstellung des Verfahrens liefert (Art. 319 StPO). Diese Vorgehensweise ist für beide Seiten ressourcenschonendend und hat sich bisher bewährt.

Zusammenfassend ist festzustellen, dass Cybercrime-Strafverfolgung ohne einen gewichtigen Beitrag der Privatwirtschaft, namentlich der betroffenen Unternehmungen, ISP's und Social-Media-Konzerne, nicht effizient möglich ist. Gelingt es durch gezielte Vernetzungen gegenseitiges Vertrauen zu gewinnen, bestehen bei einem allfälligen Incident etablierte Kanäle, welche zeitnah und unbürokratisch erste Sicherungsmaßnahmen ermöglichen. Enge und schnelle Zusammenarbeit ist dabei der Schlüssel zum Erfolg.

**Stephan Walder**, Staatsanwalt lic.iur. stawa, Leiter des Kompetenzzentrums Cybercrime, Zürich.

# Literatur

1. FireEye, M-Trends 2014: Beyond the Breach; M-Trends 2016: Cyber Security Threats EMEA Edition und Bundesamt für Sicherheit und Informationstechnik, Die Lage der IT-Sicherheit in Deutschland 2015, Bonn, November 2015, Kapitel 2.
2. Als Table-Top bezeichnet man ein Strategiespiel, welches auf Baron von Reiswitz zurückgeht. Im 19. Jahrhundert sollten preußische Offiziere auf strategische Kriegsführung vorbereitet werden. Diese Art Spiel wird auch Konfliktsimulation genannt.
3. Ein Inject ist ein Vorfall oder eine Neuerkenntnis, die den Ablauf des War Gamings beeinflusst.
4. Kosten eines Cyber-Schadensfalle: Leitfaden, Bitkom Studie, 2016.
5. Wem gehört das Internet, Dokumentation zur Tagung „20 Jahre Vernetzung", Verlag g. Hoofacker, München 2007.

# Teil III

## C: Ausblick

# Die Bedrohungen der Zukunft

**12**

**Zusammenfassung**

Die Digitalisierung, Automatisierung und Vernetzung aller Lebensbereiche – privat wie geschäftlich – ermöglicht ständig neue Möglichkeiten. Man denke nur an das Internet der Dinge, Industrie 4.0, die Robo Advisor der FinTechs, Smart Home etc. Es wird zunehmend „intelligente Endgeräte" geben, die an das Internet angeschlossen werden und durchgängig vernetzt und immer online sind. Mögliche, damit einhergehende Risiken sind in diesem Kapitel grob beschrieben, jedoch sind die reellen Risiken heutzutage nicht detailliert abschätzbar und müssen individuell für jeden Einsatzbereich betrachtet werden.

Die digitale Transformation hält Einzug in immer mehr Lebensbereiche. Industrielle Fertigungsprozesse werden durch Individualisierung, Vernetzung und Transparenz immer abhängiger von der Informationstechnologie. Die neuen Möglichkeiten sind zahlreich und in allen Lebensbereichen, privat wie geschäftlich, zu erwarten. Man denke nur an das Internet der Dinge, Industrie 4.0, die Robo Advisor der FinTechs, Smart Home etc. Es wird zunehmend „intelligente Endgeräte" geben, die an das Internet angeschlossen und durchgängig vernetzt und online sind. Welche Geräte das in Zukunft sein werden, ist nur durch die Vorstellungskraft der Nutzer begrenzt. Vor zehn Jahren hätte auch niemand gedacht, dass Autos autonom fahren, Uhren mit dem Smartphone gekoppelt werden und Kaffeemaschinen mit dem Internet verbunden sind. Viele dieser Ideen sind Spielereien, die im Laufe der Professionalisierung verloren gehen, aber den Weg in eine vollvernetzte, digitalisierte, einfach zu bedienende Zukunft weisen.

Neue Unternehmen werden die bestehenden, „alten" Systeme und Strukturen durch Informationsverarbeitung optimieren und neugestalten. Die neuen Anbieter werden die industriellen Platzhirsche verdrängen oder bei der Digitalisierung unter Zugzwang setzen. Allein die Funktionalität, der Preis und die Sicherheit entscheiden, für welchen Anbieter sich die Kunden entscheiden werden. Durch Transparenz und Vergleichbarkeit

© Springer Fachmedien Wiesbaden GmbH 2017
M. Bartsch, S. Frey, *Cyberstrategien für Unternehmen und Behörden*,
DOI 10.1007/978-3-658-16139-2_12

der datengetriebenen Geschäftsmodelle entscheidet die erste funktionierende Bestellung oder Buchung über einen neuen Kunden. Hingegen wird ebenfalls die erste nicht funktionierende Transaktion zu einem unmittelbaren Kundenverlust führen. Neue soziale Netze werden die Marketingplattformen Rundfunk, Print und Fernsehen ersetzen, die digitale Mund-zu-Mund-Propaganda wird schneller, effektiver, ehrlicher und billiger sein.

Welche Risiken sich aus dieser Transformation ergeben, wird in Tab. 12.1 dargestellt.

**Tab. 12.1**  Technologien und Risiken der Zukunft

| Technologien | Risiken |
|---|---|
| **Internet of Things (IoT)** bezeichnet eine Querschnittstechnologie zur Vernetzung von Sensoren und spezialisierten Minicomputern, die in vielen neuen Geschäftsmodellen eingesetzt werden. Es ist noch nicht absehbar, wo die technologischen Grenzen von IoT liegen werden. IoT ermöglicht neue Themen wie Industrie 4.0, Smart Home, Wearables, Fitness- und Gesundheitstracker etc. | Die der IoT zugrunde liegende Miniaturisierung lässt nicht genügend Spielraum für die Eigensicherheit der Sensoren und Systeme und bringt oft ungenügende Schutzmechanismen mit sich. Diese können von Cyberkriminellen leicht gehackt, manipuliert oder gestört werden. **Beispiel:** Digitale Türschlösser bieten bei Manipulation keinen ausreichenden Schutz gegen Einbrecher und können mit einem fremden Smartphone geöffnet werden. Der Schlüssel ist nur noch Software. |
| **Cloud-Computing** bezeichnet alle Dienste und Services, die aus einem Rechenzentrum erbracht werden und lokale Technologien ersetzen. Beim Cloud-Computing ist die Sicherheitsarchitektur im Allgemeinen besser als bei klassischen Systemarchitekturen, da die Cloud durch die Anbieter professionell gemanagt, gepatcht und betrieben wird. | Sollte ein Cyberangriff auf eine Cloud-Infrastruktur erfolgreich sein, sind sehr viele Kundeninfrastrukturen auf einmal betroffen. **Beispiel:** Es wurden bereits Unternehmen angegriffen, die ihre Systeme in einer Cloud betreiben. Die EU regelt mit der NIS-Richtlinie präventiv die Sicherheitsanforderungen von Online-Marktplätzen, Online-Suchmaschinen und Cloud-Computing-Diensten. |
| **Industrie 4.0** bezeichnet die kundenzentrierte und vernetzte Produktion individualisierbarer Produkte. Automatisierte und dezentralisierte Produktionsketten werden die Fabriken und Produktionsstätten revolutionieren. Neue Technologien wie 3D-Druck und IoT basierte Services wie proaktive Ersatzteilbelieferung werden das Kundenverhalten deutlich verändern, da Individualisierung und Design wie auch durch Funktion und Verfügbarkeit die Produkte kundenspezifischer werden lassen. | Die erhöhte Vernetzung und Automatisierung der Industrie 4.0 kann von Cyberkriminellen missbraucht und manipuliert werden. Manipulationen von Produktionsdaten und Angriffe auf die unterliegenden Systeme führen zu mangelnder Produktqualität oder veränderten Produktionsabläufen. **Beispiel:** Manipulation der Konfiguration von Schweißrobotern oder Werkzeugmaschinen mit dem Ziel, ein Endprodukt zu sabotieren, damit Unfälle oder Schäden entstehen. |

*(Fortsetzung)*

**Tab. 12.1** (Fortsetzung)

| Technologien | Risiken |
|---|---|
| **Autonomes Fahren:** Fahrzeuge, die eigenständig am Straßenverkehr teilnehmen, sind auf eine Vielzahl von Sensoren angewiesen und vom Informationsaustausch abhängig. Für die Logistikbranche bedeutet dies ein verändertes Geschäftsmodel, das ohne Personal in den Fahrzeugen auskommt. | Werden diese Systeme von außen gestört, entstehen lebensgefährliche Risiken für jeden Teilnehmer im Straßenverkehr und die Logistikketten werden gestört oder unterbrochen. **Beispiel:** Lebensgefährliche Unfälle bei teilautonomen Elektrofahrzeugen (Tesla); Unterbrechung der autonomen Logistikketten durch Cyberangriffe mit dem Ziel der Erpressung oder Sabotage. |
| **FinTech** ist eine Kombination der Begriffe Finanzdienstleistung und Technologie. FinTechs betreiben datengetriebene Bankgeschäfte. Alle Transaktionen werden nur noch online abgewickelt. FinTechs bedrängen als neugegründete digitale Banken die Filial- und Vollbanken durch kundenbezogene, auf Big Data und Sicherheit ausgelegte Spezialisierungen und ein besseres und individuelleres Service- und Produktportfolio. | Durch die Volldigitalisierung der Bank- und Geldgeschäfte durch Einsatz von Big Data, Algorithmen und Online-Systemen entfallen menschliche Kontrollmechanismen. Cyberangriffe haben somit das Potenzial, einen deutlich höheren finanziellen Schaden anzurichten. **Beispiel:** Manipulation der Zahlungsdatenströme an der Quelle der Anwendungssysteme. |
| **Health 4.0 – Hightech-Medizin** ist eine Bezeichnung für die Digitalisierung des Gesundheitswesens. In allen Bereichen vom Patienten (Überwachung) über Krankenhäuser (automatisierter OP, Telemedizin), Medizintechnik (computergesteuerte Maschinen) bis hin zur Verwaltung und Abrechnung wird die IT-gestützte Medizinbranche in den nächsten Jahren die Digitalisierung vorantreiben. Durch Automatisierung und maschinell erstellte Diagnosen wird jedoch auch eine feinere medizinische Betreuung der Patienten möglich. | Durch Vernetzung, Spezialisierung und Digitalisierung steigt das Potenzial von Sabotage und Erpressung. Massenphänomene wie Verschlüsselungstrojaner können eine ganze Klinik lahmlegen und den operativen Betrieb blockieren. Ein externer Eingriff in die Medizin- und Operationstechnik hätte Personenschäden zur Folge. **Beispiel:** Nicht gezielte Ransomware-Angriffe, von denen auch Krankenhäuser betroffen waren und dadurch der Klinikbetrieb massiv beeinträchtigt war. Die Möglichkeit von Manipulation bei Insulinpumpen und Herzschrittmachern wurde bereits technisch nachgewiesen. |

# Anhang

## Handlungsfelder/Maßnahmen der Nationalen Cybersicherheitsstrategien: Deutschland und Schweiz

### Deutschland (D):

**Tab. A.1** Handlungsfelder und Maßnahmen der Deutschen Cybersicherheitsstrategie

| Handlungsfelder | Maßnahmen |
|---|---|
| **1. Sicheres und selbstbestimmtes Handeln in einer digitalisierten Umgebung** | • Digitale Kompetenz bei allen Anwendern fördern<br>• Digitaler Sorglosigkeit entgegenwirken<br>• Voraussetzungen für sichere elektronische Kommunikation und sichere Webangebote schaffen<br>• Sichere elektronische Identitäten<br>• Zertifizierung und Zulassung stärken – Einführung eines Gütesiegels für IT-Sicherheit<br>• Digitalisierung sicher gestalten<br>• IT-Sicherheitsforschung vorantreiben |
| **2. Gemeinsamer Auftrag von Staat und Wirtschaft** | • Kritische Infrastrukturen sichern<br>• Unternehmen in Deutschland schützen<br>• Die deutsche IT-Wirtschaft stärken<br>• Mit den Providern zusammenarbeiten<br>• IT-Sicherheitsdienstleister einbeziehen<br>• Eine Plattform für vertrauensvollen Informationsaustausch schaffen |

© Springer Fachmedien Wiesbaden GmbH 2017
M. Bartsch, S. Frey, *Cyberstrategien für Unternehmen und Behörden*,
DOI 10.1007/978-3-658-16139-2

| Handlungsfelder | Maßnahmen |
|---|---|
| **3. Leistungsfähige und nachhaltige gesamtstaatliche Cybersicherheitsarchitektur** | • Das Nationale Cyber-Abwehrzentrum weiterentwickeln<br>• Die Fähigkeit zur Analyse und Reaktion vor Ort stärken<br>• Strafverfolgung im Cyber-Raum intensivieren<br>• Cyber-Spionage und Cyber-Sabotage effektiv bekämpfen<br>• Ein Frühwarnsystem gegen Cyber-Angriffe aus dem Ausland<br>• Gründung der Zentralen Stelle für Informationstechnik im Sicherheitsbereich (ZITiS)<br>• Verteidigungsaspekte der Cybersicherheit stärken<br>• CERT-Strukturen in Deutschland stärken<br>• Die Bundesverwaltung sichern<br>• Enge Zusammenarbeit zwischen Bund und Ländern<br>• Ressourcen einsetzen, Personal gewinnen und entwickeln |
| **4. Aktive Positionierung Deutschlands in der europäischen und internationalen Cybersicherheitspolitik** | • Eine wirksame europäische Cybersicherheitspolitik aktiv gestalten<br>• Die Cyber-Verteidigungspolitik der NATO weiterentwickeln<br>• Cybersicherheit international aktiv mitgestalten<br>• Bilaterale und regionale Unterstützung und Kooperation zum Auf- und Ausbau von Cyber-Fähigkeiten (Cyber Capacity Building)<br>• Internationale Strafverfolgung stärken |

**Cyber-Sicherheitsstrategie für Deutschland**, Bundesministerium des Innern, 2016 [1]

**Schweiz (CH):**

**Tab. A.2** Handlungsfelder und Maßnahmen der schweizerischen Cybersicherheitsstrategie

| Handlungsfelder | Maßnahmen |
|---|---|
| **Forschung und Entwicklung** | • Austausch zu aktuellen und zu erforschenden Entwicklungen im Zusammenhang mit Cyber-Risiken. |
| **Risiko- und Verwundbarkeitsanalyse** | • Risiko- und Verwundbarkeitsanalysen sollen auf allen Stufen (Bund, Kantone und KI-Betreiber) unter Einbezug der IKT-Leistungserbringern und Systemlieferanten erstellt werden. Dies umfasst die selbstständige und regelmässige Überprüfung der Systeme durch die Betreiber.<br>• Die Behörden, KI-Betreiber und Forschungseinrichtungen untersuchen, unter Einbezug der IKT-Leistungserbringer und Systemlieferanten, ihre IKT-Infrastrukturen auf Verwundbarkeiten. Dazu gehören systemische, organisatorische, und technische Schwächen. |

| Handlungsfelder | Maßnahmen |
|---|---|
| **Analyse der Bedrohungslage** | • Aus nicht öffentlichen und öffentlichen Quellen werden nachrichtendienstliche, polizeiliche, forensische und technische Informationen zur Bedrohungs- und Risikolage im Cyber-Bereich beschafft, bewertet und analysiert.<br>• Der Bund, die Kantone und die KI-Betreiber sollen relevante Vorfälle nachbereiten und Möglichkeiten zur Weiterentwicklung der eigenen Massnahmen im Umgang mit Vorfällen im Zusammenhang mit Cyber-Risiken überprüfen<br>• Es sollen auf nationaler Ebene eine möglichst vollständige Fallübersicht (Straffälle) geführt und interkantonale Fallkomplexe koordiniert werden. Die gewonnenen Informationen aus der Fallübersicht und die Erkenntnisse zu Fallkomplexen insbesondere aus der technisch-operativen Analyse der Strafverfolgung in Strafverfahren sollen in die gesamtheitliche Lage-darstellung einfliessen. |
| **Kompetenzbildung** | • Es soll eine Übersicht über bestehende Kompetenzbildungsangebote geschaffen werden. Diese dient als Grundlage, um einerseits Angebotslücken zu erkennen und andererseits die Akteure aus Wirtschaft, Verwaltung und Zivilgesellschaft bedürfnisgerecht über Angebote zum Umgang mit Cyber-Risiken zu informieren.<br>• Es sollen erkannte Lücken des Kompetenzbildungsangebots zum Umgang mit Cyber-Risiken angegangen, wie auch die vermehrte Nutzung der bestehenden qualitativ hochstehenden Angebote vorangetrieben werden. |
| **Internationale Beziehungen und Initiativen** | • Die Schweiz (Wirtschaft, Gesellschaft, Behörden) setzt sich aktiv und soweit möglich koordiniert für eine Internet-Governance ein, welche mit den Schweizer Vorstellungen von Freiheit und (Selbst-Verantwortung, Grundversorgung, Chancengleichheit, Menschenrechten und Rechtsstaatlichkeit vereinbar ist.<br>• Schweiz kooperiert auf der Ebene der internationalen Sicherheitspolitik, um der Bedrohung im Cyber-Raum in Zusammenarbeit mit anderen Staaten und internationalen Organisationen zu begegnen. Im Rahmen privater und staatlicher Initiativen, Konferenzen und Standardisierungsprozessen im Bereich Sicherheit und Sicherung koordinieren sich die Betreiber, Verbände und Behörden, um sich in diese Gremien einzubringen. |

| Handlungsfelder | Maßnahmen |
|---|---|
| **Kontinuitäts- und Krisenmanagement** | • Die Akteure aus Wirtschaft, Gesellschaft und Behörden sollen mit einem Kontinuitätsmanagement die Widerstandsfähigkeit (Resilienz) gegenüber Störungen und Ereignissen in enger Zusammenarbeit stärken und verbessern.<br>• In einer Krise sollen die Aktivitäten in erster Linie mit den direkt betroffenen Akteuren durch MELANI koordiniert und die Entscheidungsfindungsprozesse innerhalb der bestehenden Strukturen für das Krisen-Kontinuitätsmanagement mit fachlicher Expertise unterstützt werden, um ein kohärentes Handeln zur Bewältigung der Krise zu gewährleisten.<br>• Im Falle einer spezifischen Bedrohung werden aktive Massnahmen zur Identifikation der Täterschaft und ihrer Absichten, zur Ermittlung der Fähigkeiten der Täterschaft und zur Beeinträchtigung ihrer Infrastruktur vorgesehen.<br>• Es soll dafür gesorgt werden, dass Führungsabläufe und -prozesse innerhalb der bestehenden Strukturen, welche einem erhöhten Führungsrhythmus zur zeitgerechten Problemlösung im Falle einer Krise dienen, der Cyber-Ausprägung Rechnung tragen. |
| **Rechtsgrundlagen** | • Bestehende rechtliche Grundlagen sind im Hinblick auf die Massnahmen auf ihre Kohärenz und Lückenlosigkeit hin zu überprüfen. |

**Nationale Strategie zum Schutz der Schweiz vor Cyber Risiken**, Eidgenössisches Departement für Verteidigung, Bevölkerungsschutz und Sport, 2012 [2]

## Das deutsche IT-Sicherheitsgesetz; in Kraft getreten am 17. Juli 2015: Fragen und Antworten

Das Bundesamt für Sicherheit und Informationstechnik hat eine Broschüre mit Stand Februar 2016 herausgegeben, die die wichtigsten Fragen zum Thema IT-Sicherheitsgesetz beantwortet [3].

### Für wen gilt das Gesetz?

• **Betreiber kritischer Infrastrukturen** werden verpflichtet, die für die Erbringung ihrer wichtigen Dienste erforderliche IT nach dem Stand der Technik angemessen abzusichern und – sofern keine Spezialregelungen bestehen – diese Sicherheit mindestens alle zwei Jahre überprüfen zu lassen.

• **Telekommunikationsunternehmen** sind ab sofort verpflichtet, ihre Kunden zu warnen, wenn sie bemerken, dass der Anschluss des Kunden – etwa als Teil eines Botnetzes – für IT-Angriffe missbraucht wird. Gleichzeitig sollen die Provider ihre Kunden auf mögliche Wege zur Beseitigung der Störung hinweisen.

- **Für Betreiber von Webangeboten** wie zum Beispiel Online-Shops gelten mit Inkrafttreten ab sofort erhöhte Anforderungen an die technischen und organisatorischen Maßnahmen zum Schutz ihrer Kunden und der von ihnen genutzten IT-Systeme.
- **Das Bundesamt für Sicherheit in der Informationstechnik (BSI) und das Bundeskriminalamt (BKA)** werden mit Inkrafttreten des IT-Sicherheitsgesetzes weitere Befugnisse zur Untersuchung der Sicherheit von IT-Systemen und -Produkten erhalten, sowie die Kompetenzen im Bereich IT-Sicherheit, Strafverfolgung und Kooperationen erweitern.

> **Meldepflicht** Die Betreiber müssen dem BSI erhebliche IT-Sicherheitsvorfälle melden. Diese Informationen stellt das BSI allen Betreibern kritischer Infrastrukturen (KRITIS) zur Verfügung, damit diese ihre IT angemessen schützen können. Die Meldepflicht für erhebliche IT-Sicherheitsvorfälle betrifft zunächst nur die Betreiber von Kernkraftwerken und Telekommunikationsunternehmen. Für die anderen KRITIS-Betreiber tritt die Meldepflicht erst nach der Verabschiedung der noch zu erstellenden Rechtsverordnung in Kraft.

**Welche Betreiber kritischer Infrastrukturen unterliegen ab sofort den Regelungen des IT-Sicherheitsgesetzes?**

- **Betreiber von Kernkraftwerken und Telekommunikationsunternehmen** sind vorerst davon betroffen.
- **Für die Sektoren Energie, Informationstechnik und Telekommunikation, Transport und Verkehr, Gesundheit, Wasser, Ernährung sowie Finanz und Versicherungswesen** gilt die Meldepflicht erst nach Verabschiedung der Rechtsverordnung. Diese wird zurzeit im Bundesministerium des Innern vorbereitet. Diese Rechtsverordnung konkretisiert das Gesetz und legt fest, welche Unternehmen im Sinne des Gesetzes zu den kritischen Infrastrukturen zählen.

**Müssen IT-Sicherheitsstandards jetzt erfüllt werden? Droht unmittelbar ein Bußgeld, wenn sie nicht sofort erfüllt werden?**

- Die Pflicht zur Einhaltung von IT-Sicherheitsstandards besteht **erst zwei Jahre nach Inkrafttreten der Verordnung**. Konsequenterweise drohen auch erst dann Bußgelder, wenn der Pflicht nicht nachgekommen wird.

**Wer ist Betreiber einer kritischen Infrastruktur?**

- Dies wird erst nach der **Verabschiedung der Rechtsverordnung** feststellbar sein. Die Rechtsverordnung wird messbare und nachvollziehbare Kriterien enthalten, anhand derer Betreiber prüfen können, ob sie unter den Regelungsbereich fallen. So wird der Versorgungsgrad anhand von Schwellenwerten für jede Anlagenkategorie im jeweiligen Sektor, bspw. Energie, bestimmt. Der Regelschwellenwert beträgt 500.000 versorgte Personen.
- Der Gesetzesbegründung zufolge ist von insgesamt **nicht mehr als 2.000 Betreibern kritischer Infrastrukturen in den regulierten sieben Sektoren** auszugehen.

**Wann wird die Rechtsverordnung verabschiedet?**

* Geplant ist, dass im **Frühjahr 2016 vier der sieben** mit dem Gesetz adressierten Sektoren (Energie, Wasser, Ernährung, Informationstechnik und Telekommunikation) in der Verordnung abgebildet werden.
* Anschließend **folgen dann die übrigen Sektoren** (Transport und Verkehr, Gesundheit, Finanz- und Versicherungswesen).

**Was muss ich als Website-Betreiber nun beachten?**

* Sie müssen technische und organisatorische Maßnahmen nach dem Stand der Technik ergreifen, um sowohl unerlaubte Zugriffe auf ihre technischen Einrichtungen und Daten als auch Störungen zu verhindern.
* Das BSI stellt oftmals fest, dass auf Webservern veraltete und angreifbare Softwareversionen laufen. Eine grundlegende und wirksame Maßnahme ist daher das regelmäßige und rasche Einspielen von Software-Updates und Sicherheitspatches.

**Was bedeutet „Stand der Technik"?**

* Dies ist ein gängiger juristischer Begriff. Die technische Entwicklung ist schneller als die Gesetzgebung. Daher hat es sich in vielen Rechtsbereichen seit vielen Jahren bewährt, in Gesetzen auf den Stand der Technik abzustellen, statt zu versuchen, konkrete technische Anforderungen bereits im Gesetz festzulegen. Was zu einem bestimmten Zeitpunkt Stand der Technik ist, lässt sich zum Beispiel anhand existierender nationaler oder internationaler Standards wie DIN- oder ISO-Standards oder anhand erfolgreich in der Praxis erprobter Vorbilder für den jeweiligen Bereich ermitteln. Da sich die notwendigen technischen Maßnahmen je nach konkreter Fallgestaltung unterscheiden können, ist es nicht möglich, den Stand der Technik allgemeingültig und abschließend zu beschreiben.

**Gilt die Absicherungspflicht auch für Websites von Privatpersonen oder Vereinen?**

* Das Gesetz verpflichtet nur die Anbieter gewerblicher Telemediendienste. Nichtkommerzielle und nichtgewerbliche Websites von Privatpersonen oder Vereinen werden daher nicht erfasst.

## Literatur

1. Cyber-Sicherheitsstrategie für Deutschland, Bundesministerium des Innern, 2016. http://www. bmi.bund.de/DE/Themen/Sicherheit/IT-Cybersicherheit/Cybersicherheitsstrategie/cybersicherheitsstrategie_node.html

2. Nationale Strategie zum Schutz der Schweiz vor Cyberrisiken, Eidgenössisches Departement für Verteidigung, Bevölkerungsschutz und Sport VBS, 2012. https://www.isb.admin.ch/isb/de/home/themen/cyber_risiken_ncs.html. Und Umsetzungsplan NCS 2013: https://www.isb.admin.ch/isb/de/home/themen/cyber_risiken_ncs/umsetzungsplan.html.
3. Bundesamt für Sicherheit und Informationstechnik – BSI, Das IT-Sicherheitsgesetz – Fragen und Antworten, Bonn: Februar 2016, www.bsi.bund.de. Das IT Sicherheitsgesetz: https://www.bsi.bund.de/DE/Themen/Industrie_KRITIS/IT-SiG/it_sig_node.html.

# Sachverzeichnis

Printed in the United States
By Bookmasters